强者的世界永不言败

马云的内部执行课

丁萍◎编著

中国财富出版社

图书在版编目（CIP）数据

强者的世界永不言败：马云的内部执行课 / 丁萍编著．—北京：中国财富出版社，2015.1

（中国杠杆人物内部培训课）

ISBN 978-7-5047-5390-8

Ⅰ.①强…　Ⅱ.①丁…　Ⅲ.①电子商务—商业企业管理—经验—中国　Ⅳ.①F724.6

中国版本图书馆 CIP 数据核字（2014）第 228787 号

策划编辑　宋　宇　　　**责任印制**　方朋远

责任编辑　于　淼　宋　宇　　　**责任校对**　饶莉莉

出版发行　中国财富出版社

社　　址　北京市丰台区南四环西路 188 号 5 区 20 楼　**邮政编码**　100070

电　　话　010—52227568（发行部）　010—52227588 转 307（总编室）

010—68589540（读者服务部）　010—52227588 转 305（质检部）

网　　址　http：//www.cfpress.com.cn

经　　销　新华书店

印　　刷　北京京都六环印刷厂

书　　号　ISBN 978-7-5047-5390-8/F・2242

开　　本　710mm×1000mm　1/16　　**版　　次**　2015 年 1 月第 1 版

印　　张　15.25　　**印　　次**　2015 年 1 月第 1 次印刷

字　　数　225千字　　**定　　价**　32.00 元

前言
PREFACE

阿里巴巴已经成为中国电子商务的领导者，在世界电子商务行业中它是一个响当当的名字。

马云，一个中国当代卓越的企业家，他创造了阿里巴巴王国，是《福布斯》杂志创办50多年来首位成为封面人物的中国大陆企业家，更是赢得了“未来全球领袖”的殊荣。

1988年杭州师范学院（现杭州师范大学）英语专业毕业的马云曾任教于杭州电子科技大学；1992年成立了海博翻译社；1995年创办了中国第一家互联网商业网站——中国黄页；1999年创办全球第一个商务平台——阿里巴巴。目前，阿里巴巴是全球最大的B2B网站之一。

阿里巴巴引领了中国的电子商务行业，在中国创造了无与伦比的商业奇迹。在诸多企业中，阿里巴巴无疑是成功的，那么究竟是什么成就了今日卓越不凡的阿里巴巴呢？

其实，一个企业的成功，1/3靠策略，2/3靠执行。阿里巴巴也不例外。高效率的执行，是阿里巴巴成功的一大法宝。

马云曾将阿里巴巴称为“一支执行队伍而非想法队伍”，他说宁可要一流的执行、三流的点子，也不要一流的点子、三流的执行。

不可否认，在这个世界上，有想法、有创意、有点子的人很多，但是能把一个想法、一个创意或者一个点子真正落实的人却很少，因为落实需要很长的时间、很多的人员，还会遇到很多困难。所以，执行很重要。

现在很多企业的经营理念和战略大致相同，但绩效却大不相同，道理何在？其实关键也就在执行力！

美国前总统艾森豪威尔说："任何语言都是苍白的，你唯一需要的就是执行。"在激烈的市场竞争中，执行力对一个企业的发展起着至关重要的作用，它将是决定企业发展的重要保障，可以说，没有执行力就没有竞争力，没有执行力就没有凝聚力，没有执行力就没有创造力。

这本书——《强者的世界永不言败：马云的内部执行课》，讲述的就是一个关于执行力的问题。建设企业文化、构筑内部生态环境、建立竞争体系、明确使命责任价值观……作为企业的第一执行人，马云以自己的方式行动着，落实着，他不仅像个布道的牧师，更像一个极具魄力的教练，将自己的思想化为员工超强的执行力，来书写阿里巴巴的传奇。

执行力不仅关系到一个企业的命运，也关系到一个人的发展，托马斯·杰斐逊说："一个人拥有了别人不可替代的优势，就会使自己立于不败之地。"在现今的企业环境里，没有打不破的铁饭碗。你的工作在今天可能不可或缺，可是这不意味着明天这个职位仍然有存在的必要。无论是谁，除了努力工作外，都应该不断学习，不断提升自己的执行力、竞争力，这样才能让自己最终变得不可替代。希望这本书能对你有所裨益，可以帮你书写属于自己的人生传奇。

目 录
CONTENTS

第一篇

根基不稳，万厦倾塌

——搞好内部生态，保障执行力的基础

企业执行，说到底是人的执行，团队力量决定执行力，好的执行力一定要有好的团队，这是根基，是企业长久发展的基石，根基不稳，万厦将倾，所以，作为企业领导者，一定要重视企业的管理，注重基层执行力的提升。

第一章
执行在高层

如果把企业比喻成一个人，企业的高层就是大脑，中层就是脊梁，基层就是四肢。打造企业的软实力，企业领导者是第一执行人，也是第一责任人。

一流的执行，胜过一流的点子

马云：以一流企业作标准，大概是想推广一个什么样的标准，你做的东西就是卫生间里的马桶、脸盆，你想推广一个什么样的标准？

石乐华：这个标准是这个样子的，你的坐便器，或者你的洗手池，还有毛巾等一系列的，每一个项目都需要国家建立一个标准。但是目前来讲，因为卫浴市场发展的历史也就十余年，所以现在就面临很多的空白。现在国家致力于整合这一块的政策，有一部分产品厂家致力于去参与，现在没有形成龙头地位，这是我们要参与做的一件事情。

马云：你凭什么去整合别人，我为什么要跟着你去被别人整合，100万元人民币就能整合我，凭什么，你给我讲3条理由，除了100万元人民币以外，你说我要跟着你的标准去走，你能整合我？

石乐华：3个理由，第一个理由就是我们现实的基础，因为我们现在做卫浴已经做了5年，在业界已经有一定的名气，这是第一个理由。第二个理由，是我个人的思路，目前有很多中小卫浴，全世界或者全中国卫浴生产企业最起码有几千家，但是真正开拓自己思路的人，或者具备这个理念的人是非常少的，到目前为止国内还没有出现这样的联盟。第三个理由，就是我对自己的信心和实力。

马云：拿TOTO说，它在你前面做，你准备怎么应对，像TOTO这样的公司或者美标这样的企业，挺不错，钱比你多，你有5年历史，那哥们儿说有100年历史，做得比你更好，你怎么办?

石乐华：这是市场定位的问题，就算TOTO来整合都没有关系，就像我们理解奔驰跟广州本田没有市场冲突一样。

马云：谈一下我的看法，我感觉你的条理很清晰，心态很好，你的激情跟别人不一样。很多人把创业者看成激情澎湃的人，你对自己的信念非常坚持，坚持自己的并购、整合是有意义的，尽管也许评委也好，其他人也好，说你不靠谱，你凭什么整合，虽然你自己内心信念的坚定很符合创业者的素质。

但是我这里想讲的是，在整合的要素当中你讲到理念和信心，我自己这么看，值钱的东西好像不是理念，真正值钱的东西就是你创造的价值，脚踏实地的结果。很多人说我有非常优秀的理念，我听太多了，这世界上没有优秀的理念，只有脚踏实地的结果。所以不要用你的理念去整合别人，而是用你创造的价值给别人带来好处。

——摘自《马云:〈赢在中国〉点评》

马云在行动

执行力是当前每个企业面临的突出问题，是构成企业竞争力的基本因素。再好的战略离不开优秀的执行力，再顶尖的企业也要保持强大的执行力，否则将在市场的竞争中走向衰落。

马云曾和软银集团总裁孙正义讨论过这样一个问题：“一流的点子加上

三流的执行水平，与三流的点子加上一流的执行水平，哪一个更重要？”两位“时代先锋”给出了一样的答案：三流的点子加上一流的执行水平。

“你们立刻、现在、马上去做！立刻！现在！马上！”酒店房间内，突然传出马云愤怒的叫喊声。

是什么让马云如此气愤呢？原来，马云有一次在长城看到涂鸦式留言，如“某某到此一游”“某某到此留念”这样的话语，深受启发。他认为阿里巴巴应由网上论坛BBS按行业分类发展，因此，马云要求技术人员对BBS上的每一个帖子进行检测并分类。技术人员认为这样的人工分类，有违互联网自由的传统习惯，但马云认为只有这样才能让用户方便、快捷地利用阿里巴巴，所以他坚持己见，要求技术人员照做。当时很多人不同意，拍着桌子同马云吵。争吵最激烈时，马云仍不改初衷，他始终认为方便用户才是对的，自己的思考也是对的。

后来，马云到外地出差，通过电子邮件要求技术人员立即完成这一程序，结果他们还是不同意。于是，就有了前文的那一幕。后来，马云回忆说，当时自己真想立刻飞回去，猛拍那些技术人员的脑袋。

马云的愤怒让技术人员不得不做出让步，也正是因为他的强硬要求，阿里巴巴的发展方向最终才确定下来，获得有效的执行。他的这种作风，也使得企业在网络泡沫时期不仅坚持下来，而且实现了赢利。

工业时代的发展是人工的，而网络时代一切都是信息化的。信息瞬息万变，难以预测，因此，马云认为成功不是计划出来的，而是“立刻、现在、马上”干出来的。

高效率的执行，是阿里巴巴成功的一大法宝。马云曾将阿里巴巴称为“一支执行队伍而非想法队伍”，他多次强调，迅速地去执行一个错误的决定要好过优柔寡断或者没有决定。因为马云知道在执行的过程中，已经有足够的时间和机会去发现并改正错误。

马云在创业之初就懂得这样的道理：企业只需要一个思想家，其他的都必须是“立刻、现在、马上”的执行者。

阿里巴巴创建初期50万元的原始资本就是马云在家中与18个创业同伴募集的。从此，马云的家成了阿里巴巴的办公室，员工住的地方不能离马云家超过5分钟的交通距离，每天深夜回家睡几个小时马上又开始工作，“立刻、现在、马上”的思想得到充分的体现。

阿里巴巴唯一的思想家，就是马云自己，他不仅像个布道的牧师，更像一个极具魄力的教练，能将自己的思想化为员工超强的执行力，来书写阿里巴巴的传奇。

赢在执行

好的决策是企业成功的前提，企业中从来不缺战略家，但是再美好的战略如果没有执行，也只是一场空想。

史玉柱对于自己团队“说到做到”的执行能力非常认同。他说：“如果谁说我们的执行力差，他可以这么说，但我绝不会承认。每年大年三十，你可以到全国50万个商场和药店去看，别人早回家过年了，我们9000名员工依然顶着寒风在那里一丝不苟地搞脑白金促销。如果执行力不行，干劲从哪里来的？”

具有保障性的执行力，对于一个商业模式稳定、管理到位的企业来说，比创造的超越更为重要。从这个方面来讲，史玉柱是个典型且极端的实用主义者。曾有人问他，现在的管理中，哪一样至关重要？史玉柱仍然回答是“说到做到”。他认为：“你只要承诺了，几月几日几点钟做完，你一定要做完，完不成，不管什么理由，一定会遭到处罚。往往越没本事的人，找理由的本事就越高。我们干脆不问什么原因了，你部门的事你就得承担责任，不用解释。所以现在大家都说实话，不搞浮夸了。”

为了落实“说到做到，严已宽人”这一理念，创造高效的执行，史玉柱成立了专门的督察部，秉着“以客观所见为依据，大公无私，宁可错判，绝不放过”的原则，制定一套严密的制度，组织专门的人员进行落实。

执行力是一流企业和不入流企业的显著区别。一个企业的成功，1/3靠策略，2/3靠执行。正如日本软银公司董事长孙正义所说的那样：“三流的点子加一流的执行力，永远比一流的点子加三流的执行力更好。”一流企业的执行力就像军队一样说一不二，这样有纪律的正规军打那些拖三拉四的杂牌军，想不胜利都是不可能的。所以企业家一定要注重培养团队的执行力，将战略战术都落到实处。

执行中领导所必备的心态

昨天晚上我还跟一个人讲过这个故事：当年我的大学，有五个副院长，分房子时，那些副院长都在抢房子，就是这个最年轻的副院长，他一点都不抢。我说你为什么不去抢房子，房子那么好，都一百平方米了。他说我今年四十三岁，这帮人都五十几岁了，他们认为这是最后一班车，而我认为我刚刚开始。这就是眼光！后来他当到了厅长，当到了副省长。

这就是眼光。我以前讲过的，我们村我最大，我们村的房子这么高，我们家是最高的房子，你跑到上海，一看房子这么高，到纽约要晕过去了。你没有出去看过，你没有见过大企业，没有见过真正的创业者、真正的领导者，你们家王二毛最厉害了，这个就是眼光不对，眼光不对永远做不大。

眼光高的人胸怀才会大。我们这些人，在座的每个人，手下的人超过你，你才能起来。比如我们的Tim是法律专家，有一天他的手下一定要超过他。什么人都可以用，公司希望各种各样的人才，各种各样的性格和脾气都有，这才是一个优秀的、文化灿烂的公司。

如果公司里面所有人都一样的话就麻烦了。动物园里面的动物都是不一样的，才有人看，如果都是一样的，全是牛全是马，那是养殖场。我们不需要养殖场。你的胸怀要能够包容各种各样的人，最后你的技能一定不如你的手下，你的技能比手下强的时候你一定不是好的领导者。

工程师靠技术吃天下，比尔·盖茨技术比下面工程师水平高？不可能。泰森拳头硬还是教练拳头硬？估计泰森一拳教练就飘出去了。乔丹的教练球都不会打，这个就是胸怀。管理学上面你要有一种差异化的竞争，你要拥有其他人没有的。

还有一个，技能很强的人，有能力的人一般都很怪的，所以我想告诉大家绝大部分能力强的人都是偏执狂，都是古怪的。这个古怪的人不能把心胸打开的时候，永远不能成为真正伟大的领导者。我们这些人，如果走M系列（阿里巴巴员工发展序列，一条是P专业序列，一条是M管理序列）的人，甚至说到最后变成专业管理者的人，都要有胸怀。

打架的男人最可怕的是，拳头打了他10拳，他没有反应。这样，一个领导的抗击打能力、抗失败能力，一下又起来了。大家都愿意跟着这个领导，一下子打了不要紧，抗击打，抗失败，勇于承担责任。

我永远希望阿里巴巴领导者有眼光、胸怀、实力。这些东西是没有办法的，阿里巴巴的人越来越多的时候，有眼光、没胸怀的人就是周瑜，那不是被诸葛亮气死的，是被自己气死的。你心胸不够开阔，有什么好气的。

你说你恨死下面的人，下面的人都是饭桶，我今天告诉大家，阿里巴巴给你的就是饭桶，你们的职责是把他们变得不是饭桶。三年以后他们还是饭桶，你就是饭桶！本来大家都是平凡人，三年以后，这帮人还是饭桶，公司fault（失败）你fault，因为你没有把他们变成优秀的人。

——摘自《2007年8月湖畔学院讲话》

马云在行动

执行力就是一种决胜力，一种决定胜负的力量，执行力的好坏，可以决定一个企业的命运。作为首席执行官，马云对此非常了解，他认为执行力是不可复制的竞争优势。

马云原本是一位英语老师，他在技术上的能力，远不如自己的手下。就技术层面上说，马云是个十足的外行。但是从管理上来说，领导本身就不是搞具体技术和战术攻关的，更准确地说，他是只要关注战略即可。所以，马云从来不跟工程师在技术细节上争论、吵架。在工程师面前，马云和客户地位类似。

对此，马云解释说："很重要的一个原因是没法吵架，他跟我说什么系统、软件，我搞不懂，但是有一项东西必须搞懂：按照客户的需求去做。我代表着中国80%不懂电脑的人，客户的需求就是我的需求。很多工程师说，你不能这么想，你怎么这么看问题。我说没办法，80%的人都跟我一样，你把它做出来，我告诉你要去哪里。"

有的时候，在执行过程中会出现一些意外的矛盾，这个时候，马云有自己的解决之道：

第一，马云强调换位思考，重视双方理解和尊重的意义，在手段上注重技巧性。他推崇美国前国务卿鲍威尔的做法。鲍威尔曾说："假设向你报告的人不按你所说的去做怎么办？第一，retrain him（重新培训），第二，remove him（调离），第三，fire him（开除）。"在马云看来："你不这么做的话，其他人会觉得泄气，心想我们干得累死，不干活的什么事没有。这样你的东西就会执行不下去。"

马云认为，领导永远不能跟下属比技能，下面的人肯定比领导技能强："如果下面的人不比你强，说明你请错人了。但你要比他眼光高，要比他看得远；读万卷书不如行万里路，眼光的高度要在领导的水平线上。"

第二，马云强调领导者要有宽容的心态，要有胸怀。"男人的胸怀是冤枉撑大的。你对你的部下、员工、团队要包容；合作不是一天两天的事，如果你是对的，永远有机会去证明。"注重合作妥协，是马云的一大特色。

第三，马云认为领导者要有抗压的实力。"你抗击失败的能力比他强。一块砖头掉下来，别人挨一下就倒了；你挨了一下，一点反应都没有。这就是优秀领导的条件。"事实上，马云本身在抵抗挫折，忍受各种压力方面的确有过人之处。并不是每个人都能有那么多次经受挫折的奇怪经历的。

赢在执行

大企业靠做人，做人有三点：眼光、胸怀、实力。眼光有多远、胸怀有多大，你就能做多大的事。胡雪岩讲过这样一句话：生意越来越难做，越难做越是机会。关键是眼光看得多远，眼光看一个城市，你只能做一个城市；眼光看到全国，你就能做全国；眼光看到海外，你可以去海外发展。

只有当一个人有眼光、有胸怀、有实力的时候，这个人才能在通向成功的道路上无往不胜。

一个人要做到"有眼光"就得坚持"读万卷书，行万里路"，要不断为自己的知识进行投资，如果你总是把自己局限在一个很小的环境中，你的眼界就高不起来，如果你能够在更广阔的世界里开拓自己的见识，那么你就能够真正具备一种宏观的视野，真正能够在更高的层次上开创自己的事业。

一个人的眼光是靠双脚走出来的，而一个人的胸怀是委屈撑大的。胸怀的宽广，对于一个人的成功来说十分重要，如果一个人有眼光却没胸怀就不能成就大事。

如果说一个人仅有唯一可能拥有的长处，那应该是比别人能够容纳得多一点。世界美妙的是可以看到各种各样的人，尤其在公司里面，你带着欣赏的眼光看别人，你怎么看怎么顺眼，你要讨厌一个人的时候，你怎么看怎么不顺眼。

一个人立足于世根本的还是靠实力。所谓实力就是能够左右自己命运的力量。实力是精神力量与物质力量的结合体，我们生活中所做的努力无一不是为了提高自己的实力。实力的积累是一个渐进的过程，关键是要有明确的人生目标和持之以恒的心灵力量。实力是在失败的基础之上积累而成的。每一次失败都为你实力的提升添加一块砖瓦。

眼光、胸怀与实力，对于一个人来说，不论身处何时何地都应该以此为一种人生追求。这样你才会在事业与生活中一路向前，达到梦想的彼岸。

让合适的人做合适的事

1999年我融资100万美元。有了钱怎么办？首先就想到请人，请最优秀的人。最优秀的人在哪儿？跨国公司的副总裁，MBA，最好是世界500强的人。那些人进来之后，讲公司的战略、前景，讲得你热血沸腾。

我们有一个副总裁负责营销，第一个月跟我谈市场预算的时候，说今年需要1200万美元。我很惊讶。他说很抱歉，以前最少要花2000万美元。怎么办？你不听的话好像不尊重他，你要听他的话，我总共才融了100万美元。最后没有办法，还得请他离开。

这些错误使我们明白，办公司不是要找最优秀的人，而是要找最合适的人。波音747的引擎是很好，但如果你配的机器是拖拉机，发动引擎就爆炸。企业发展是一步一步往前走，每一步走的时候，用的是脑子而不是钱。

做企业拼的是智慧，拼的是勇气，拼的是团队的合作。假如企业家之间的竞争是靠钱的话，那银行更厉害，风险投资更厉害。有优势的时候钱就会来，很多创业者的计划书说，我什么都有，就是缺钱，那这个计划基本没用。

——摘自《马云：2006年北大光华管理学院演讲》

马云在行动

对于企业而言，衡量人才是否优秀的唯一标准是他是否符合企业的发展需要。从作业要求的角度说，匹配的就是人才。理性的用人标准是不被人才的光环所诱惑，而是紧紧扣住“企业发展需要”这根弦。

1999年9月，阿里巴巴网站建立起来了，马云立志要使之成为中小企业敲开财富之门的引路人。10月，阿里巴巴获得以高盛牵头提供的500万美元风险资金，马云立即着手的一件事情就是，从香港和美国引进大量的外部人才。

马云对外宣称：“创业人员只能够担任连长及以下的职位，团长级以上全部由MBA担任。”当时，在阿里巴巴12个人的高管团队成员中除了马云自己，全部来自海外。

接下来几年，阿里巴巴聘用了更多的MBA，包括哈佛、斯坦福等学校的MBA，还有国内大学毕业的MBA。但是，阿里巴巴请来的很多业界高手们，却严重“水土不服”。他们总是讲得头头是道，但干起来结果全错！后来，这些MBA中的95%都被马云开除了。

马云后来回忆道：“我跟北大的张维迎教授辩论，首先我承认我水平比较差，95%的MBA都被我开除了，难道他们就没有错吗？怎么可能95%都被我开除掉？肯定有错。因为这些MBA一进来跟你讲年薪至少十万元，一讲都是战略。每次你听那些专家跟MBA讲是热血沸腾，然后做的时候你都不知道从哪儿做起。”

错误让马云明白，公司当时的发展水平还容不下那样的人。那些职业经理人管理水平确实很高，就如同飞机引擎一样，但是将飞机的引擎装在了拖拉机上，最终还是飞不起来。

后来在阿里巴巴有这样一句名言，“让平凡的人做不平凡的事，充分调动他们的积极性跟潜能”。马云不断说：“我考三次大学没有考上，一定很平凡，如果你们觉得我今天是成功的，那每个平凡的人都能成功。”可以说，阿里巴巴现在的成功离不开这一用人理念：找到最合适的人才，放在最适合的位置。

赢在执行

企业高层领导者有效发挥人才的价值，让合适的人做合适的事，是提高执行力的重要途径之一。

拿破仑说过：“最难的倒不是选拔人才，难点在于选拔后怎样使用人才，即让他们的才能发挥到极致。”企业所需要的不一定是最优秀的人，但一定是最适合的人。因为岗位需要而使用人才，所以，优秀的人未必就是最能满足岗位需要的人选，在这种意义上，合适比优秀更重要。

作为企业管理者，一个重要责任就是最大限度地激发员工的潜能，让腰粗的人背土——不伤力；让腿粗的人挖土——有劲；让驼背人垫土——弯腰不吃力；让独眼龙看准绳——不分散注意力。要做到这一点，就要使员工与其岗位相匹配，通过岗位匹配达到激发员工潜能的理想效果。

一家公司的招聘登记表格中有这么一栏：“你有什么短处？”一位下岗女工来应聘，在这一栏如实填上了“工作比较慢，快不起来”。很多人一致认为，她是不可能被录用的，谁知最后老板亲自拍板，录用了这位女工，让她当质量管理员。

老板说："慢工出细活，她工作慢，肯定会细心，让她当质量管理员错不了，再说，她去许多地方应聘过，没有被录用，到这里被录用了，肯定会拼命地干，以后我们公司肯定不会有退货了。"结果正如老板所预言的那样，那名女工工作成绩显著，公司之后的确没有退货了。

其实，在任何一家企业中，员工能力都是有区别的，这就像"发动机"和"螺丝钉"一样，企业虽然需要对企业产生变革性影响的"发动机"型人才，也离不开兢兢业业为企业奉献的"螺丝钉"型的员工。

"整风运动"是必需的

我们整风是因为互联网发生了巨大的变化。每一个人对互联网的看法不一样，对阿里巴巴的看法不一样。如果说有50个傻瓜为你工作，是一件很开心的事情。困难的是每个人都认为自己聪明，当时阿里巴巴在美国，有很多的知名企业管理者到我们公司做副总裁，各有已见，50个人方向不一致肯定不行的。

所以当年觉得，这是最大的痛。简直那时候像动物园一样，有些人特别能说，有些人不爱讲话。所以我们公司这样，我们觉得整风运动最重要的是确定阿里巴巴的共同目标，确定我们的价值观。

我问在座的企业，你们企业所有的员工是不是有共同的目标？我在今年春节的时候，90%的杭州企业没有一个告诉我们企业有一个共同的目标，公司所有的员工是不是跟你一样。

在1999年我们提出，阿里巴巴的目标是，要做80年的企业，要成为世界十大网站之一，只要是商人一定要用阿里巴巴。这是我们的目标。

全公司所有的员工，如果你不认同这个目标，请你离开，如果你认为不可能实现，你也离开。

——摘自《2002年6月宁波会员见面大会演讲》

马云在行动

在2001年网络泡沫破灭之前，马云就宣布全球大裁员，启动了后来被马云叫作“回到中国”的战略收缩。那真是非常时期，此前，阿里巴巴成立两年，也亏损了两年。这个公司会不会无疾而终，成为员工们的心病；如何重振士气，避免优秀人才的流失，这些都需要马云在以后的经营中做出回答。

2001年1月，在GE工作了16年的关明生加入阿里巴巴，就任COO（首席运营官）。在关明生的协助下，马云带领阿里巴巴启动了“毛氏运动”。

这一年，阿里巴巴做了三件事：“延安整风运动”“抗日军政大学”“南泥湾开荒”。因为他们知道越是冬天，越要“深挖洞、广积粮”。

马云在学习“延安整风运动”的时候，认识到了“用价值观来统一思想，通过统一思想来影响每一个人的行为，最后形成合力”的重要性。他说，互联网业务是需要所有人齐心协力打造出来的，没有人可以在互联网公司按部就班，互联网公司需要跨部门配合，要靠团队力量。在马云看来，团队的整体主观能动性几乎决定了一切。

通过“整风运动”，马云消除了员工们“红旗究竟还能扛多久”的困惑。阿里巴巴统一了整个公司的方向，统一整个管理层的思想，确定公司的团队、产品和经营模式。马云指出，阿里巴巴的目标是三大点：做80年持续发展的企业、成为世界十大网站、只要是商人都要用阿里巴巴。要想在阿里巴巴做事，每天的工作就得围绕这三大目标进行，员工的心一下子静了下来。

在马云倡导下，阿里巴巴还投资上百万元成立“军政大学”，从员工队伍中找到那些符合要求的干部，请专家培训这些管理人才。通过最先进的价值观和使命感的支持，不断培养出能打硬仗的“正规军”。

企业的价值观是不能谈判的，必须围绕这个目标来进行。阿里巴巴的人力资源总监邓康明说，这样一种价值观教育的结果使得阿里巴巴职业经理人能做到为了公司利益不计较个人得失。在阿里巴巴只要两个月就能完成的机构大调整，在跨国公司可能要经历3～6个月的痛苦过程，起决定性作用的正是阿里巴巴简单透明的企业文化。

赢在执行

现实中，很多企业管理者都有这样一个误区：只要有资金、有设备，企业就一定能够发展，就一定能在市场竞争中立足。这样的管理者只是单方面地强调企业经营中物的因素，而忽视了人的作用，看不到人的主观能动性在企业发展过程中起到的积极作用。

与这种“刚性管理”相反的是“柔性管理”。“刚性管理”以权力和规章制度为中心，而“柔性管理”则以人为中心，对员工进行人性化管理。

“柔性管理”的管理方法表现为：内在重于外在，心理重于物理，身教重于言教，肯定重于否定，激励重于控制，务实重于务虚。显然，在知识型企业管理柔性化之后，管理者更加看重的是职工的积极性和创造性，更加看重的是职工的主动精神和自我约束。

现代企业管理者，若想笼络员工的心，激发员工以最大的潜能来促进企业的发展，采用“柔性管理”是最好的选择，在和谐、充满温情的环境中，让企业与员工共生共存。

成立于1996年的赛意法公司是深圳赛格高技术股份有限公司和意法半导体有限公司的合资企业，外方意法半导体是欧洲最大的半导体制造商，是合资公司的控股方。

赛意法的企业文化的核心只有三个词：People！People！People！公司以人为核心的柔性化管理能落到实处取得不错的结果，这与高层管理人员的践行和企业制度的保障执行息息相关。这种做法受到了普通员工的好评，他们将此作为一种很高的荣誉。

其实，在当今社会，人才对于经济发展的作用已经越来越明显，管理者只有充分肯定人的价值，采用“柔性管理”，才能够调动起员工的工作积极性。

有一次，松下幸之助在一家餐厅招待客人，吃完后，大家发现松下先生的牛排只吃了一半，他让助理请烹调牛排的主厨过来，助理心想一会儿的场面可能会很尴尬。“是不是牛排有什么问题？”主厨紧张地询问这位大有来头的客人。

“烹调牛排，对你已不成问题，”松下说，“但是我只能吃一半，牛排真的很好吃，但我已80岁了，胃口大不如前。我想当面和你谈，是怕你看到只吃了一半的牛排被送回厨房时，心里会难过。”

这就是松下的“柔性管理”，不仅仅对员工，对任何人都怀抱仁爱与尊重之心。其实，管理员工是一门大学问，而柔性管理员工，又体现了领导者的一种大境界。很多时候，不懂“柔性管理”，就拢不住员工之心。

“柔性管理”就是既要让员工感受到充分的尊重，又要促进企业的长远发展。在实施管理过程中，企业管理者要强调员工的重要性，并尽可能弱化自己，把每一位员工都放在十分重要的位置上。

但这并不是说管理者需要讨好员工，重视员工首先应当体现在彼此尊重上，只有彼此尊重才有进一步的团结合作。管理者的秘诀是尊重人，但是，即使是在柔性的管理方式下，也要有刚性的制度。管理者在实施管理过程中，可以采用灵活的方法，但一定要坚持原则，令行禁止，在制度面前人人平等，这是管理中必须遵守的规则。

第二章

组建一支强执行力的团队

团队力量决定执行力，好的团队一定要有好的执行力。俗话说："鸟枪打不过排射炮，沙粒挡不住洪水冲。"从某种意义上说，企业是一个执行的团队，一个企业的团队的力量就是"排射炮""洪水"，可以形成一股合力，让公司上下拧成一股绳，心往一处想，劲往一处使。所以，要提升企业的执行力也就必须要组建一个好的团队。

团队是高效落实的坚强后盾

我不希望看到你们当中有些人说拜拜，你们辛苦努力吧，我享福去了。这种享福的人，我看到的成功的概率是百分之零点零几，很少很少有成功的。阿里巴巴是一个团队，有你很好；没有这个团队，你很不好。你离开了，要去再找这样一个团队很难。

最近有个人给我写了一封信。这人离开了，加入竞争对手。他说本来也是很好的一家公司，也是互联网公司，没想到里面乌烟瘴气。他特别怀念阿里，怀念淘宝，能不能够回来？很难了。我觉得加入对手这种人阿里巴巴永远不欢迎。

你想想看，你的同事、你部门的人加入对手，形势不好又回来了，这是放出什么信号？如果打败我们了，你说那个人会回来吗？不会回来的。所以我想告诉大家，如果说你们去创业，或者竞争对手挖你，别人挖你，对你的期望值很高，觉得你是阿里巴巴出来的，对你的期望值非常高，其实你自己知道，这是整个团队带给你的。如果真要挖，那你把我一起带进去算了。

挖一个两个过去，你说会不会有变化？会有变化，但是不会有根本的大局面上的变化。这是整个团队的配合，李琪（原阿里巴巴COO）也好，Joe（蔡崇信，阿里巴巴集团CFO）也好，我们这些人的配合，是经过这么多年练成的。我们每个人像螺丝一样牢，这是一个团队，像拼版一样拼起来的。挖我们去都没有用，挖一个普通的干部员工去有什么用呢？

公司里面讲价值观考核。有没有人说特别喜欢考核？说喜欢我相信是假的。但是有一点我告诉你，被考核过五年，突然不考核了，那也很痛苦。坐在自己的公司里面，今天工作那么累，烦死我了，还要被老板骂，你看出去永远是别人比我们钱多，永远是别人比我们有运气，就像人家的老公老婆总比自己的老公老婆好。

大家记住，正因为你在这个公司里面待了五年，如果突然发现团队里面尔虞我诈，突然发现没有约束、没有纪律，你会沮丧到顶点。因为你已经在这个空气中，尽管空气并不纯净，我觉得我们的空气并不纯净，但是相对来讲，阿里巴巴的空气比绝大多数公司的空气纯净多了。大家要维护好这个公司，这是我们共同生存、发展的环境，我们要发展一百多年的。

——摘自《2007年与“五年陈”员工的交流讲话》

马云在行动

在当今时代，企业的生命在于效率，而效率的产生在于执行。执行力已成为当今企业效率之源、成功之本。

马云说，单枪匹马是做不出任何事情的。在专业化分工越来越细、竞争日益激烈的今天，一个人的力量难以面对千头万绪的工作。一个人可以凭着自己的能力取得一定的成就，但是如果把你的能力与别人的能力结合起来，就会取得更大的令人意想不到的成就。

在提及自己和团队的关系时，马云将朋友的帮助放在首要位置："我从来就不承认自己是什么知识英雄。阿里巴巴今天的成就是很多朋友的功劳，不是我一个人的；我不过是做了5%的工作，朋友们做了更多默默无闻的工作，他们把我推上前台，我只是他们的代言人，我只是出来练练。"

马云能容人，所以能聚人、留人。他深知一个人能力再强也比不过团队的力量，他说："少林派很成功，不是因为某一个人很厉害，而是因为整个门派很厉害。"

团队合作是阿里巴巴企业文化的重要内容，其关于"团队合作"的阐述是：共享共担，平凡人做非凡事；乐于分享经验和知识，教学相长；以开放的心态听取他人的意见；表达观点时，直言有讳；在工作中，群策群力，拾遗补缺；不是自己分内的工作，也不推诿；决策前充分发表意见，决策后坚决执行；有主人翁意识，积极参与，促进团队建设。

马云重视团队，也很明确团队的意义，他说："什么是团队呢？团队就是不要让另外一个人失败，不要让团队任何一个人失败。用价值观来统一思想，通过统一思想来影响每一个人的行为，最后形成合力。"

在阿里巴巴，不能和团队合作的员工是待不长的，不能与人无私分享的员工也留不下。在阿里巴巴，每个员工都很重要，不管你在哪里，都是团队的成员，都应该全力发挥团队的功能。

正如马云所说的"我成功背后有一帮很棒的人"，其实，任何人的成功都离不开他人的支持，没有朋友、家人以及创业团队的支持，是很难取得成功的。

赢在执行

特雷莎修女说过：“我能够做到你做不到的事情，你能做到我做不到的的事情，我们在一起能做伟大的事情。”一滴水，只有融入大海才不会干涸。同样，一个人无论再优秀，如果想最大限度地发挥自己的作用，实现自己的价值，就应当把自己融入团队中。

在团队中，如果没有其他人的协助与合作，任何人都无法取得持久性的成就。当两个或两个以上的人在任何方面都联合起来，把工作建立在和谐与谅解的精神上之后，这一团队中每一个人的执行力都会倍增。

释迦牟尼曾问他的弟子：“一滴水怎样才能不干涸？”弟子们面面相觑，无法回答，还是释迦牟尼给了他们答案：“把它放到大海里去。”一个人再完美，也只是一滴水，只有让自己的才华融入整个团队，学会与别人分享、合作，才能实现工作上的双赢，收到1+1>2的效果。从分享的角度来说，照亮自己和照亮别人是一个铜钱的两面，辩证地相互依存着，悟得了其中的含义，你就悟得了执行的至高智慧。

在市场竞争中，有冲在市场一线的销售人员，也有在后方从事产品研发的技术人员和从事制造的一线工人。产品是生产部门生产出来的，却是市场部门销售出去的；生产部门是需要花钱的部门，市场部门是挣钱的部门。生产的资金需要市场部门从市场赚回，但市场部门销售的商品需要生产部门提供。生产与销售，有如后方与前方，又如军队的保障与作战，是两个不可或缺的轮子。正是这样一个完整的链条，构成了企业参与竞争的全部家底。

团队的合作力量是企业执行力的坚强后盾，群蚁可以打败巨蟒，群狼可以天下无敌。一个人能力再强，也只有当他融入团队后才能发挥出最大的力量。背靠着团队的强大力量，单个的忙碌才不会变成杯水车薪，才能忙到点子上，才能把每个人的忙碌汇成大海，浇灭一切瞎忙的火焰。我们在夺取成功的道路上，一定要学会与人合作。

取长补短，打造“西游记式”团队

说到团队，中国人都喜欢刘备、关羽、张飞、赵云、诸葛亮，但这样的团队很难找，千年等一回。

我最喜欢的是西游记团队，唐僧、孙悟空、猪八戒、沙和尚，这些人很容易找。唐僧这样的人，能力没有多少，但目标很明确，就是取经。这样的领导你们单位有没有？有。

孙悟空是能力最强的，但是他的麻烦也很多，成功是他，失败也是他，这样的人你们单位有没有？也有。猪八戒就更多了，干活的时候能躲就躲，有吃有喝的时候来得最快。沙和尚呢？管它什么使命感、价值观，一天8小时打卡上班，挑着担就走。

这样的团队到处都是，这是生活中实实在在的团队，但就是这样一个团队，经过了九九八十一难，取得了真经。

我这么总结：做人要像沙和尚，当领导要像唐僧，做事要像孙悟空，生活要像猪八戒。阿里巴巴从18个人发展到1万多人，我们越来越轻松。

我们团队的文化核心是什么？我们都是平凡的人，聚在一起做一件非凡的事。我们不要精英，阿里巴巴不欢迎精英。假如你认为你是精英，请你离开我们。因为我相信，如果有人说“我是精英”，这个人肯定不是精英。一个真正是精英的人，会把自己看得很低；当他以平凡的心态加入团队的时候，才有可能做出成就。

我以前经常反对MBA，现在不反对。但他们刚来的时候，不要让他去做管理，可以把他们放在第一线去。有一些MBA来了阿里巴巴，我让他们去广东销售部做销售，6个月以后活下来的，你说任何话我洗耳恭听，如果你死了，see you next time。

就像打篮球，他们这些MBA的身材可能都是两米、一米九，非常高，但打篮球的时候不愿意蹲下去；我们这些人身材就是一米六，但天天在练，所以投球很准。当然，组球队的时候，不能老是找矮子，也要找一米八、两米的高个儿，关键是他们进来以后，要让他融入团队里。

——摘自《马云：2006年北大光华管理学院演讲》

马云在行动

爱尔兰著名作家萧伯纳有一句名言：“两个人各自拿着一个苹果，互相交换，每人仍然只有一个苹果；两个人各自拥有一个思想，互相交换，每个人就拥有两个思想。”团队中，如果每个成员都能把自己掌握的新知识、新技术、新思想拿出来和其他团队成员分享，互助互利的话，就会产生1+1>2的效果。

马云自认为是与唐僧一样的领导人，在他看来，一个企业里不可能全是孙悟空，也不能都是猪八戒，更不能都是沙僧。他说，要是公司里的员工都像他本人那么能说，而且光说不干活，会非常可怕。他不懂电脑，销售也不在行，但是公司里有人懂就行了。

唐僧团队的组织目标十分明确，就是取经。同时，从某种意义上说，这个团队基本上是一个制度化的团队，虽说不算很完善，存在问题也极多，但基本能保证组织目标的达成，符合满意原则。孙悟空是人才，但容易出格，就要用金箍将他管束住；沙僧老实，自我管理就行；八戒难成大事，只要让孙悟空管束住他就行了。这种制度体系虽然严重压制创新意识，但是对于取经这样一个特定的任务而言，却是一种比较好的选择。

而在人才搭配上，唐僧团队也是非常合理的，唐僧本人没什么本事，但能把握大局，而且执着；孙悟空忠心耿耿，能征善战，适合打头阵；沙僧老实巴交，最适合做基础工作；猪八戒看似一无是处，但能讨领导欢心，能调节气氛，这种人在企业也不可或缺，何况他能在日常生活中照顾领导，关键时候也能帮上忙。同时唐僧这个团队非常注意充分利用社会资源、人际网络，遇到困难还能请菩萨出来排忧解难、化险为夷。

马云认为，中国的企业往往是几年下来，领导人成长最快、能力最强，其实这样并不对，他们应该学习唐僧，用人用长处、管人管到位即可。毕竟企业仅凭一人之力，永远做不大，团队才是成长型企业必须突破的瓶颈。

赢在执行

每个人有优势也有劣势，如果几个人的优劣恰好相互补充，可以取长补短，那么，这几个人组成的团队将是一个完美的组合。

英国学者贝尔宾被称为“团队角色理论之父”，他曾提出过“阿波罗综合征”现象：即一个千挑万选的优秀团队，成员们的精力往往消耗在无聊的内耗，或对团队目标没有帮助的争辩中，只为了说服其他成员接受自己的观点，或是攻击别人论点中的缺口，最后总体表现反而比不过一个“平庸”的团队。

某汽车公司的老总手下有三个销售员，他们各有长处，但业绩都不理想。老总就让培训师为他们把了把脉，培训师逐一为老总分析：

“销售员A交际能力突出。吃饭的时候，一见培训师就热情地打招呼：‘老师你好你好，来，喝酒喝酒。’这样的人跟人打交道不错，但是他毛病漏洞很多，往往专注度不够，不是研究产品的料，要是一谈实质性的东西啊，差矣。

销售员B敬我酒时说：‘老师，敬您一杯，我先干了。’我还没回过神，他已经干了，然后就不说话了。

过一会儿问他们：‘你们公司的汽车究竟怎么样啊？’A先说话，我们的汽车怎样好，适合你的风格，吹了半天我一点兴趣都没有。这时B开始接过话茬，他就把公司的汽车从发动机的性能、家庭的实用性，一直到它的解装、所有一系列设备，仔仔细细说了一通，用专业术语使劲描述。最起码让我觉得，他那一系列新款车都跟宝马差不多。这个人介绍产品厉害，但不太会与人打交道。

销售员C一直话不多，给人的感觉是他很机械，但他的眼睛很犀利，虽然不怎么讲话，但他说出每一句都是关键，往往一语中的，极具杀伤力，基本让人没有回旋的余地。这是他的本事，放在销售上，他就知道什么时候该下手让客户掏钱。”

“这三个人，真是绝佳的组合。”培训师向老总建议道：“很简单，千万不要让他们各自为战，单独销售，而是马上把销售分段化，不要去改他们的缺点，你不要批评A，你说话稳重点，把产品研究好；也不要批评B，你学学和人打交道；也不要批评C，你别老是那样子做销售，放开一点。你就让A做一件事情，就是铺天盖地交朋友，张总啊，李总啊，反正他愿意和人打交道。

头一次见面就是攀交情，下一次去的时候，把那个讲产品的B带过去，就说是公司的产品专家，负责介绍产品；还要把C也带上，关键时刻敲定成交，他有能力促成交易成交。这种组合优势互补，简直是完美组合。”

好的团队其实是一群平凡的人做不平凡的事，而所谓的精英团队反倒很难成就大事，因为他们将陷入个人英雄主义的泥潭。团队成员的优势可以相互补充，取长补短，这样人才标准降低了，成本降低了，效率却提高了。因此，让团队成员成分复杂点，都有一技之长，优势能够互补，这样才能真正形成合力，成就大事。

引入淘汰机制，留下企业需要的人

2001年，阿里巴巴有个决定生死存亡的讨论，我们称之为“遵义会议”。当时我们决定了将来要走哪条路。当时的环境我们收不到钱，公司争论到底要不要给回扣。最后我们决定，不给回扣。

三个月后，我们最佳的两个销售人员给了回扣。开还是不开？当然开。如果有一个销售员工业绩非常好，但他的价值观很差、团队合作很坏、不讲诚信等，我们称之为“野狗”，当即开掉。

另外还有一种人，这种人很友好，乐于帮助人，一看就是好人，但是永远没有业绩。这种人我们称之为“小白兔”，他把边上的草全吃光了。这种人，留不留？如果是野狗，机会不能给，但小白兔是要给机会的。但是给了机会还不行，那就要请他走。

我们公司还有一个听起来比较古怪的制度，就是末位10%的淘汰。我们淘汰自己，竞争淘汰我们，社会淘汰我们。我一直觉得国有企业就是因为不淘汰员工，所以出现了很多问题。我们必须学会淘汰自己。

有一个员工给我写了一封信，说我们公司不讲究民主，不讲究人的自由。为什么，他说你们考核价值观了。我就问，第一，在加入我们之前，一定告诉过你，我们是要考核价值观的，而且我们一考核就是8年，你可以选择来或不来。第二，你进来以后觉得价值观没意思，你还是可以出去。到今天，阿里巴巴18000多员工进进出出，我没有留过一个人。

——摘自《马云：CEO的本事就是会用别人的脑袋》

马云在行动

在用人上，马云有自己的判断、自己的标准，但前提都是对企业负责、为公司未来发展考虑，如果你不是他需要的人才，他就一定不会选择你，而一旦选择了你，就会不遗余力地培养你。对于雇用的人才，阿里巴巴采取的是“请进来、送出去”原则。“送出去”就是与一些MBA学校和培训班建立合作关系，把员工送出去学习。2004年9月10日，阿里巴巴成立了自己的“阿里学院”，这样做的目的就是要让每一个人才在阿里巴巴实现增值！当然，阿里巴巴也会同时得到增值!

一名员工，无论其他方面表现得如何出色，对待工作如何勤奋，只要他拿不出令人信服的业绩，一切都是白费工夫。

马云把团队成员分成三种类型：第一类是在阿里巴巴公司的平时考核中业绩很好，但价值观很差的。他们每年销售额特别高，但根本不讲究团队精神，不讲究质量服务，这一类人属于“野狗”，留在团队中会造成极大的伤害，必须开除。

第二类是那些价值观很好，为人热情、善良、友好，但业绩永远好不起来的，我们称之为“小白兔”。这一类也要离开，毕竟公司不是救济中心。不过“小白兔”在离开公司三个月后，还有机会再进阿里巴巴，只要他能把业绩搞上去。而“野狗”就没有这个机会了。

第三类是阿里巴巴最需要的人才，即业绩好、价值观同样好的猎犬型人才。在阿里巴巴，“猎犬”是最受欢迎的，不仅会得到公司重用，在被“确诊”为货真价实的“猎犬”后，进入管理层的“法眼”，还有机会接受最好的培训，成为公司的好苗子。

马云严厉对待团队中的“野狗”，同时也为此制订了严格的员工守则，他说：“善待犯错误的人，是对的，但是绝不空让那些‘野狗’破坏团队，破坏公司利益，对这些人绝对不容忍。所以在具体规章制度方面，阿里巴巴有许多硬性规定：不能作假、不能作弊、不能欺骗客户、不能夸大服务，不能给客户回扣，不能为客户垫款。”

为什么要杀掉“野狗”？“野狗”的业绩非常好，但不讲团队精神，不讲质量服务，这些人短期来看很有用，但是长期来看，会对团队造成严重伤害。

赢在执行

强者生存，弱者淘汰，这是进化论的核心观点，同时是大自然不变的“天条”。谁能成为自然的王者，谁就能赢得发展的优先权。为什么在所有的物种中，强者都毫不例外地得到尊重呢？

这是因为强者能够使种群不断强大。一个企业的领导者的最高使命就在这里——淘汰弱者！如果你不去淘汰弱者，弱者会反过来淘汰强者，你的企业就会变得越来越没有力量。

为什么我们发现公司只要一变大、人一多，就可能面临战斗力的丧失？是不是所有大企业的战斗力都在衰退？不是。有很多公司，像沃尔玛、GE，销售额达到一两千亿美元，仍然保持着很强的战斗力。

大企业之所以容易丧失战斗力，原因是有很多弱者可以在大公司这样一艘大船里躲起来。当弱者形成群体的时候，他们存在的唯一方式，就是想方设法为强者设置障碍，然后把强者剔除出局。为什么像沃尔玛这样的企业，虽然规模庞大却依然充满活力呢？答案就在于这些公司的高层领导者奉行的是“强者淘汰弱者”的狼性哲学！

狼是高智商的动物，大自然的进化让它变得睿智无比。作为企业的领导者，你必须遵从自然法则，迫使员工进化！

在严峻的生存环境中，狼适应环境变化的能力是世界上各种动物中最出色的。譬如在北极，严寒的冬季里，在肆虐的暴风雪中，狼都能在露天里蜷缩成一团，用尾巴遮住面部安详地睡觉。狼为什么会进化成如此聪明的物种？原因就在于它始终要面对残酷的森林竞争。环境的过分宽容只会使员工在竞争的法则中越来越处于弱势地位。

IBM一位高级管理人员曾说：“对人过分尊重会让人忘记自己的立场。”即使某个人做得很差，人们出于尊重仍然会说：“非常感谢，我们知道你尽力了。”长此以往，对人的尊重就变成了竞争的丧失，导致了保守和封闭，战斗力渐渐消退。

当一个企业失去强调品质、强调精益求精的狼性原则后，这家企业实际上就走进了不思进取的羊群文化中。IBM曾经有一个致命的死结：不解雇政策。这个政策严重破坏了企业中的“生态链”，致使“狼”变成“羊”，“羊”还是“羊”。这样下去，“羊”只会越来越多。1993年，郭士纳上任不到半年，就给IBM实行了70年之久的不解雇政策画上了句号，一次就解雇了3.5万人。郭士纳解救IBM的政策恰恰是恢复企业中的“生态链”。

9年后，2002年，当郭士纳从IBM的CEO位置上退下来的时候，围绕他的又是一个美国商业英雄的神话。此时，IBM的收入已经超过了800亿美元，公司利润达到63亿美元。郭士纳通过狼性法则，使IBM这只“狼”再次驰骋于“草原”！

收入和理想都要有，都要硬

当整个内部文化形成后，你的员工就很难被挖走。其实就像在一个空气很新鲜的土地上生存的人，你突然把他放在一个污浊的环境里面，工资再高，他过两天还是会回来。

我是个浪漫主义的人，创办这个公司时，我希望它是一个世界级的中国企业，我把中国企业跟国外企业比较以后发现：中国企业很少注重使命感、价值观、理想、共同目标，而国外企业讲得最多的就是使命感和价值观。所以我常说，天下不可能有人可以挖走我的团队。

收入和理想你都得要有，软硬两手抓——光讲收入的话，人家一定能把你的员工挖去；光讲理想，一开始可以，后面大家饿了，还是走了。所以你在理想到实践的过程中，要确保收入也是每年在提高的。

——摘自《马云：2003年接受〈财富人生〉节目访谈》

马云在行动

阿里巴巴曾有令互联网同行羡慕不已的梦幻“4O”组合：CEO（首席执行官）马云、COO（首席运营官）关明生、CTO（首席技术官）吴炯和CFO（首席财务官）蔡崇信。

马云和蔡崇信在阿里巴巴刚创立时结识；关明生于2001年1月加盟阿里巴巴，曾在GE等世界500强企业中担任要职；2000年5月加入阿里巴巴的吴炯，则是雅虎搜索引擎的发明人。

四个聪明人凑在一起，人们并没有看到别的网络公司高层常有的动荡与纷争，阿里巴巴仍坚定地向一个目标挺进，原因何在？因为马云要求每一个员工既有能力，又能坚持公司不变的愿景、使命和价值观。

如果说早期创业时的李琪和孙彤宇是马云的左膀右臂，那么，蔡崇信和关明生则是阿里巴巴能将辉煌持续到现在的关键人物。

蔡崇信在阿里巴巴刚成立时加入，任CFO。他的到来，使阿里巴巴真正开始了规范化运作。蔡崇信放下70万美元的年薪，投奔马云，每月只拿500元人民币的薪水。在湖畔花园，蔡崇信和第一批员工讲股份、讲权益，将18份完全符合国际惯例的英文合同，让马云和“十八罗汉”签字。

如果没有蔡崇信的加入，阿里巴巴会是一个家族企业，会一直以感情和义气来维持团队。蔡崇信将阿里巴巴做成了规范公司，并以正式合同的形式，将最初的创业团队绑在了一起。这是至关重要的一步，阿里巴巴因此能将最初的创业激情和团队文化一直维系下去。

关明生在2001年年初加入阿里巴巴，就任COO。当时因为遭遇互联网寒冬，阿里巴巴前期的全球扩张留下了烂摊子，这是阿里巴巴在成长期遇到的最大困难。关明生到来后，执行B2C，拆除海外分公司，收缩全球市场，“回到中国”，并以强有力的手腕裁掉大批员工。

关明生对阿里巴巴最大的贡献，在于将马云最初提到的团队文化和创业精神发挥到极致，使得马云逐渐成为阿里巴巴的精神领袖。

李琪和孙彤宇是做管理和销售的，这两个方面当然也很重要。但对于任何企业、组织来说，思想文化才是关键中的关键。在阿里巴巴，如果没有武侠文化、笑脸文化，没有淘宝的倒立文化，没有阿里巴巴这支拥有超强战斗力的团队，管理和销售做得再好，也只可逞一时之强，无法一直坚持下来，做到今天的成就。

管理和销售是可以替代的，而文化、团队和耐力是很难被复制的，而这正是阿里巴巴成功的关键。文化的体系化、丰富、持续、发扬，关明生和蔡崇信发挥了关键作用。

赢在执行

或许阿里巴巴以后会遇到很多风险和困难，但是现在，马云这个苦行僧并不孤独，他拥有一群志同道合的同行者，伴随他走过了难忘的风雨征程，正是这些和马云有着共同梦想的创业者们推动着阿里巴巴不断发展和壮大。

早先，马云的团队跟着他从杭州到过北京，他们在开始的14个月里干得非常出色，但之后方向不一样了，就变得很痛苦。马云决定回家，其他人都很震惊。马云给他们三个选择：第一，让他们去雅虎，马云推荐，雅虎一定会录用，而且工资会很高；第二，去新浪、搜狐，马云推荐，工资也会很高；第三，跟马云回家，只能分100元人民币，住在离马云家5分钟路程的地方，自己租房子，没办法打出租车，没办法上下班，而且必须在马云家里上班。马云让其他人自己做决定，给他们3天时间考虑。这些人出去，3分钟后又回来了，告诉马云，同意跟他一起回家。

马云似乎愧疚地说，至今为止，他每天想的就是：朋友没有对不起我，他也永远不能做对不起朋友的事情。在北京14个月，他从来没带这帮人去玩过，一天，他说，再过两个礼拜，他们要离开了，大家去长城玩一趟。就在长城上面，马云和同伴大声说，一起回去，从头开始，从零开始，建一个他们这一辈子都不会后悔的公司。

这支在困难中仍对马云不离不弃的团队，成了他创业道路上最有力的支柱。平时，马云说到他们的团队时总是自豪之情溢于言表，他说自己是个非常幸运的人。在他深陷困境的时候，总能遇到好人。这一切都是人际关系，是友谊，是合作伙伴关系。他很开心，因为他有一个优秀的财务总监蔡崇信和Li Chee，他们在一起合作已经很多年了。没有合作者就没有阿里巴巴，而没有马云的话，还会有另一个阿里巴巴。

2007年12月1日，阿里巴巴团队获得“2007年最聚人气团队奖”，马云作为代表上台领奖时，发表了获奖感言：阿里巴巴可以没有马云，但不能没有这个团队。8年来，各种各样的压力很多很多，但是每次团队都给了他很大的勇气，很多鼓励。

第三章

做好管理，提升基层执行力

员工的执行力是企业发展源源不竭的动力。谁有执行力，谁就有竞争力；员工缺乏执行力，企业就会丧失竞争力。根基不稳，万厦将倾，所以，作为企业领导者，马云很重视企业的管理，很注重基层执行力的提升。

执行力不是纸上谈出来的

大企业要有小作为，小企业要有大梦想。我们每个人都要去想想自己有了一些想法后，怎么把它变成现实。大企业的小作为往往是一个瞬间的小动作影响了企业未来发展的决定，影响了整个企业甚至社会变革。我想今天的IT界、互联网界存在一个巨大的问题，那就是动不动就爬到屋顶上讲大产业、大行业发展。

IT发展到今天，我们不缺技术与思想，今天缺的是把这些东西变成现实。我们今天很多人用着IT的技术、思想，但是管理水平和思想仍旧停留在20世纪。所以才出现如今IT做电子商务还在杀价，还是拼价格而不是拼价值。假如思想还停留在20世纪甚至五年前、十年前，企业是不可能再活下去的。

这四五年，我参加了无数个IT、互联网论坛，很遗憾，我听见最少的东西是如何从组织、文化、人才上管理好一个IT企业、一个互联网企业。决定一个生态系统的不是老虎、狮子和大象，而是微生物，决定一个公司的最好素质是你的基础员工招聘。从点滴做起、从自己做起、从你招聘的人做起，你才能从梦想回到现实。很多企业倒下去不是缺乏创新，不是没有人才，而是完全缺少管理思想。

另外，什么是企业文化？墙报、写文章不是企业文化，企业文化就是把企业写得有味道一点，不要把企业变成赚钱机器。我们需要把企业变成有情感的人，有情感就有朋友，有朋友的人生意自然好，有朋友也要讲原则。原则是什么？管理。什么是老板？老板的"老"就是老师，"板"就是规矩。没有这两样东西，企业是走不远的。

真正把管理做好，把文化做好，管理、文化背后必须有强大的思想，没有真正的很好的思想，没有办法把企业做大。西方的管理水平相当了不起，日本精致的文化管理也相当了不起，但是中国企业绝大部分是今天从西方学一点，明天从日本学一点，后天学一点传说的故事，整个管理商业体系是没有基准、相当混乱的。

我觉得中国真正有理想领导力的是道家文化，儒家思想是我们加强管理最好的东西，佛家思想是让你学会做人，因为领导力很强、管理能力很强的人身上一定有毒，有毒需要佛家思想的空把它化了。竞争过程中学习太极的博弈思想是相当了不起的。

——摘自《马云：2013年4月深圳IT领袖峰会演讲》

马云在行动

企业中有一些领导总是埋怨下属没有执行力，实际上，是他自己没有执行力。

在一个企业里，领导者的行为非常重要，在一定程度上，领导者的行为成为企业的杠杆。领导者想把企业塑造成什么样的组织，他就必须自己首先那么做，这样，企业就有了产生执行力的基础。企业没有执行力，抓中层或者基层，那只是治标，要治本首先要从领导自身抓起。这样，才能打造企业无往不胜的执行力。

马云认为，互联网有今天，4个特征、8个字最关键——开放、透明、分享、责任。他说，假如你的管理没有这样的实质，你的企业一定走不久。执行力不是谈出来的，一个执行力强的优秀企业是管理出来的，一个执行力强的优秀员工也是管理出来的。

现代企业最高层次的竞争已经不再是人、财、物的竞争，而是文化的竞争，最先进的管理思想是用企业文化进行管理。何为企业文化？它是一种以人为根本，以制度为导向的管理思想与管理哲学的融合，是企业里看不见的软件系统，却是企业最核心的竞争力。

在阿里巴巴，管理是靠价值观、文化和使命感，而且马云希望能靠这个东西，让企业活102年。为什么企业的文化管理如此重要呢？

实际上，企业文化就是在回答一个问题：你的企业凭什么凝聚人心？这是企业管理的思想底线。大道无形，企业文化是个看不见、摸不着的东西，但它必须回答 “工作到底是为了什么”。企业文化的好坏直接关系到员工的忠诚度，管理者必须明确一点，你有几流的企业文化，你就有几流的追随者；你有几流的追随者，你就有几流的企业。

因此，企业管理者越来越注重企业文化的建设和价值观的塑造，最明智的管理者一定是具备将企业文化融于员工血液的能力的人。只有建设一流的企业文化，企业才能引来和留住一流的人才。

赢在执行

在企业管理和运营中，执行者只有对执行角色有了强烈的认知，执行者才会产生强大的责任感，才会把自己的责任落实到位。

很多执行中的问题都是由于执行者没有明确自己的角色。因此，明确执行角色就成为执行中的关键一步，即使有再明确的目标，再完美的计划，如果执行者没有认知自己的角色也没有用。

加拿大的一家酒店以卓越的服务著称，而卓越的服务直接来自酒店员工对角色的充分认知——让顾客满意是所有员工的角色要求。

有一次，一位客人因为急着赶航班而把行李遗忘在酒店里，客人他在机场打回电话，说："对不起，我把行李落在酒店里了，但是我的飞机快起飞了，如果回去拿的话一定赶不上飞机了，你们能帮我送过来吗？""好的，稍等，我们马上派人给您送过去！"挂断电话，酒店立即派了个门童给他送行李。但门童赶到机场的时候，飞机已经起飞了。经过思考之后，这个门童做了一个其他酒店员工很难做出的选择——买了一张机票直飞纽约，把行李送到了客人的手里。

客人拿到行李，激动地握住这个门童的手说："该酒店的服务简直是世界一流的！"

虽然这样的举动并不是他的岗位职责决定的，而是他对自己角色的理解决定的，他认为为了不让客人着急，采取一切手段把行李送到客人手中是必需的行为。这就是他的角色认知。

执行角色是解决责任落实问题的关键！执行者能否实现执行目标、能否在执行过程中充分展示自己的能力、落实自己的责任，首要的问题是他能否充分认知自己的岗位角色。如果能够认知你的角色，那么你就会想尽一切办法落实自己的责任；如果你认为那不是你的责任，你就会视而不见，使责任落实无处，最后可能会造成严重后果。

在企业的组织管理中，要充分认知自己的执行角色。这就要求：

1. 组织领导者要扮演好自己的角色

在组织中，领导者既是管理者，又是策略责任落实最重要的主体。

领导者的角色不仅仅是制订策略和下达命令，更重要的是必须具备落实能力。在一些成功的企业里，最高层领导者都是一手抓策略，一手抓责任执行。

因此，作为领导者必须既要重视策略又要重视落实能力。与此同时，优秀的组织领导者还要能训练出一批一流的落实人才。杰克·韦尔奇认为："如果我们让员工成长，就鼓励他们的自信心，赋予他们更多的责任，将他们最好的想法加以利用，那么我们就有了赢得竞争的机会。"

2. 中层管理者要明确自己的角色定位

在组织中，中层管理者既是落实者，又是领导者。他们的作用发挥得好，是高层联系基层的一座桥梁；发挥得不好，是横在高层与基层之间的一堵墙。企业决策层对各种方案的认可，需要得到中层的严格落实和组织实施。如果企业全体中层队伍的执行很弱，与决策方案无法相匹配，那么企业的其他方案是无法实施成功的。

3. 基层员工要能充分认知自己的角色

基层员工是项目经理、完成任务的基层指挥者，同时还包括最基层的操作者，他们都是完成任务的人，是责任的直接落实人，他们同样需要充分认知自己的角色，定位自己的角色，再去有效落实任务。

给员工创造轻松的工作氛围

我们的Logo（标志）是什么，是微笑。设计的时候我就说过，我们的员工、客户在回家的时候，我希望他们是微笑的。记得在华星创业的时候，员工超过200位了，我记不得他们的名字和面孔。但是一个陌生人进来，我一下子就能判断他是不是阿里巴巴的员工，靠什么？靠笑脸。今天我发现我们公司多了很多很酷的人，不笑了。阿里巴巴文化的展现形式就是笑脸。

我到有些美国公司去很感慨，只要走进他们的大楼，所有的员工碰到你都对你笑一下，说“你好”。这很正常，他们知道进入大楼的要么是客户，要么是buyer（买家），要么是suppler（供应商），一定是合作伙伴。他们给我们带来生意和机会，为什么不欢迎他们？要保持smile（微笑）。要让别人觉得阿里巴巴这帮人就是这么开开心心、快快乐乐的。

如果有一天阿里巴巴的员工都能做到这样，我们公司就不一样了，就独特了。这是从心里面来讲的。当然你要真正做到smile，这是很难的。但是如果我们每天强迫自己smile，慢慢地，你就会有出息。

还有人在懊恼，我为什么不爽啊，但是你还是要强迫自己去smile。我们经常说，我们的Logo（标志）在每个员工的脸上。从现在开始，我希望每个干部、我们每个manager（管理者）首先说let’s smile（让我微笑吧）。我们smile，我们是在做我们的Logo，这是我们的文化，我们微笑的文化。

——摘自《2006年6月和管理干部交流讲话》

马云在行动

在公司里，马云就像个闲不住的大男孩，是整个公司的“开心果”。虽然每天处理各种事务，但马云非常注意控制压力的范围，绝少向员工传递。这使阿里巴巴的3000名员工都成为“快乐青年”。

马云说，压力是自己的，不应传染给员工。他一直和同事说，没有笑脸的公司其实是很痛苦的公司。他说自己最喜欢猪八戒的幽默，他是取经团队的润滑剂，西天取经再苦再累，一笑也就过了。

在2005年第五届“西湖论剑”上，马云跷着二郎腿与克林顿对话，在听张朝阳、丁磊、马化腾、汪延和经济学者张维迎论战到激烈之处时，他从台下顺手抄起一把凳子就扔上台，然后一个箭步冲了上去，这番滑稽的动作引起观众一阵大笑。而杭州市民偶尔也可以在大排档里见到他，喝得微醺，跟一大帮人神侃瞎聊，手舞足蹈，俨然一个小市民的形象。

马云认为不仅领导者要如此，员工也要每天快乐地面对工作。他说，判断一个人、一个公司是不是优秀，不要看他是不是哈佛毕业的，是不是斯坦福毕业的，不要看里面有多少名牌大学毕业生，而要看这帮人干活是不是发疯一样干，看他每天下班是不是笑眯眯回家。

执行力的核心是人。只有拥有了强大执行力的人，组织才能拥有强大的执行力。只有让员工快乐并努力工作的公司才是好公司。马云认为，员工工作的目的不仅包括一份满意的薪水和一个好的工作环境，也包括在企业中能快乐地成长。

在他的心目中，没有员工，就没有阿里巴巴这个网站。只有员工开心了，客户才会开心。而客户们那些鼓励的语言，会让员工发疯似的工作，这也使得阿里巴巴的网站不断地发展。在阿里巴巴，员工可以穿旱冰鞋上班，也可以随时到他办公室，马云说，总之一定要让员工快乐起来。

快乐工作，认真生活。阿里巴巴用牢不可破的人文特质，验证着马云“没人能挖走我的团队”的豪言。

赢在执行

卡耐基说：“笑是人类的特权。”微笑是人的宝贵财富，微笑是自信的标志，也是礼貌的象征。人们往往依据你的微笑来获取对你的印象，从而决定对你的态度。

美国联合航空公司有一个世界纪录，那就是在1977年载运了数量最多的旅客，总人数是5566782人。联合航空公司宣称，他们的天空是友善的、微笑的天空。的确如此，他们的微笑不仅仅在天上，而且从地面便已开始了。

有一位叫珍妮的小姐去参加联合航空公司的招聘，当然她没有任何关系，完全是凭着自己的本领去争取。最后她被聘用了，其中一个很重要的原因是珍妮小姐脸上总带着微笑。

令珍妮惊讶的是，面试的时候，主试者在讲话时总是故意把身体转过去背着她。你不要误会这位主试者不懂礼貌，他是在体会珍妮的微笑，因为珍妮应聘的职位是通过电话工作的，是有关预约、取消、更换或确定飞机航行班次的事情。

那位主试者微笑着对珍妮说："小姐，你被录取了，你最大的优势是你脸上的微笑，你要在将来的工作中充分运用它，让每一位顾客都能从电话中体会出你的微笑。"

由此可见，微笑不仅能给你的工作带来极大的便利，生活中多一些微笑也会有神奇的变化发生。而且，微笑是一家公司选拔人才的重要参考标准，同时也是优秀员工必备的职业素质。

平庸的员工不懂得微笑的神奇作用，因而，他们往往不能够以微笑示人。优秀的员工知道微笑的神奇魔力：微笑，会使你灰色的心情变得明亮，也会使你灰暗的工作和生活变得丰富多彩。所以，用微笑去迎接每一个人，我们的工作会更容易取得进展，办事效率也会随之提高，你也会成为最受欢迎的人。

投资员工，赚得财富

现在，我们的干部也成熟起来了。员工数量扩大到了500名。现在互联网是在裁员发展，我们却在扩大发展。我们的目标是在全年的发展中赚1元钱，也就是说，如果我们整年投资800万美元，我们要赚800万零1美元。事实上，到现在为止，我们的确运转良好，员工从前年100多名，到去年200多名，到今年500多名，我们还要不断地招。

有人说："为什么阿里巴巴还要招员工？"我们认为员工是公司最好的财富，有共同的价值观和企业文化的员工是最大的财富。

今天银行利息是2个百分点，如果把这个钱投在员工身上，让他们得到培训，那么员工创造的财富远远不止2个百分点。我们去年在广告上没有花钱，但在培训上花了几百万美元。

——摘自《马云：2002年在宁波会员见面会演讲》

马云在行动

员工决定企业的成败，员工弱则企业弱，员工强则企业强，员工进步，企业才能进步。明白了这样道理，企业管理者要重视员工的培训，在不断改善员工的薪资、工作环境的同时，也要加大培训力度，以员工的进步推动企业的进步。

马云觉得21世纪人才最重要，对阿里巴巴来讲，期权、资本都无法和人才相比。员工是公司最好的财富，有共同价值观和企业文化的员工是最大的财富。

马云家的保姆，他每月给她1200元，杭州市场价800元。她做得很开心，因为她觉得得到了尊重。阿里巴巴那些高层月薪四五万元，即使给他们加一万元、两万元，他们也不会感到什么；但是如果对广大员工增加一些，那么士气会大增。

对于所有在阿里巴巴门口徘徊的人才，马云表示只要是人才他都要。阿里巴巴2004年在广告上没有花钱，但在培训上花了几百万美元，他觉得这将给公司带来最大的回报。阿里巴巴有120万会员，而且连续两次被哈佛评为

"全球最佳案例"，连续两次被《福布斯》评为"最佳B2B网站"。在网络电子商务领域，阿里巴巴会员数跃居全世界第一位。没有优秀的员工，企业根本没法做到这些。而这些成绩，正是马云把钱投在员工身上赚到的。

不在员工身上投资，是管理者对企业不负责任的表现，是企业最大的浪费。把钱存在员工的身上，是最精明的投资。

赢在执行

作为一个企业，要重视员工的价值，要在管理中抓细节；作为普通员工更应从细节做起，一丝一毫不可忽视。只有这样，企业才能发展，员工才会进步。

更高、更快、更强使企业立于不败之地，同时也是员工执行力的高端表现。要保持更高、更快、更强，需要做到以下两点：

1. 高标准，严要求

高标准、严要求，就是为了追求卓越、追求完美。很多著名的成功的企业都深信，要造就一流的品牌，必须先造就一流的人才。例如，"自我批判"的态度已深植在戴尔公司的文化中，戴尔随时质疑自己，随时寻找改进做事的方法。戴尔试着由上至下建立起这样的行为模式，聘用具有开放观念的人员，并把他们培养成领导者。

一个人成功与否在于他是不是做什么都力求做到最好。成功者无论从事什么工作，都绝对不会轻率疏忽。因此，在工作中你应该以最高的规格要求自己，能完成100%，就绝不只做99%，尽可能地把工作做得比别人更快、更准确、更完美，动用你的全部智能。对于员工来说，以最高的标准要求自己，在工作的时候，就意味着做到让客户100%满意，让客户感受到超值的服务，这就是卓越员工工作的唯一标准。这样的标准在实际工作中，一方面将造就优秀的员工，另一方面将造就成功的企业。

2. 按时、按质、按量

拖延是执行的大敌，无论大事小事，都应该认真对待，不要把昨天能完成的事拖延到明天，不要傻到等老板开口，说“你什么时候做完那件事”时，才匆忙上阵，仓促处理未完的工作。

在执行的过程中，不要随意降低工作的标准，不要想欺骗上司或者客户，以最高的要求对待工作。如果你只想做到60分，那么在别人心目中50分也达不到。

有效激励，落到实处

去年此时，尽管正处于金融风暴的寒冬，但我们逆势加薪，以肯定所有阿里人的艰苦付出和取得的卓越成绩。今年的年度绩效考核，经过集团管理层的讨论，我们做出以下决定：

1. 关于2009年年终奖

今年关键词：奖罚分明、打破大锅饭、打破平均主义

奖金是对昨天工作的肯定和对未来工作的期望。

今年的奖金方案已出台，我相信大家会觉得今年的奖金发放和往年有很大的区别。今年，我们将严格执行“271制度”（“271制度”即对团队中20%超出预期完成工作的员工提高奖励和加薪比例，对70%仅达预期工作效果的员工给予一般加薪或正常奖励，对于10%低于预期工作效果的员工不予加薪和奖励，甚至还有处罚），旗帜鲜明地奖优罚劣。

与以往相比，将特别突出“奖罚分明”“愿赌服输”，打破大锅饭和平均主义，包括公司所有层级在内都将对top 20进行奖励提升，同时对bottom 10加强问责。这是对勤奋付出的同事最大的公平，同时也是激

励所有阿里人去挑战更高的目标。

奖金不是福利。奖金是通过努力挣来的，它不可能人人都有，也不可能每个人都一样。它不是工资的一部分，而是因为你的业绩超越了公司对你的期望值（请特别注意这一点）。

2. 关于2010年的加薪和调薪

我们认为没有所谓最好的薪酬。阿里巴巴永远不会因为竞争对手和行业的做法而加薪，这只会引发恶性竞争和不健康的行业格局。

阿里巴巴的薪资水平总体是合理的，有竞争力的，除了合理的基础收入，我们希望所有阿里人能够公平地分享公司成长带来的财富，我们仍然实行奖励期权政策，同时各子公司也已在开始制订各自的股权激励计划。

加调薪的原则：我们的加薪政策会继续向普通员工倾斜，公司高管把加薪机会留给普通员工。公司副总裁及P11以上级人员全部不参与加调薪，M4、M5、P9、P10只是对于特殊情况调薪，如晋升、历史遗留问题，等等。

Dream target（梦想目标）是我们共同奋斗的目标，是调配资源的指导。Dream target必须通过创新的方法才能实现，而不是简单地沿用现有的手段，拼命去挤牙膏。电子商务正迎来井喷的发展，我们必须超高速的成长，才能继续保持行业领先。

我们要为我们的mission（使命）、vision（愿景）和dream（梦想）去奋斗，而不是为完成KPI任务，更不应该是为了奖金而努力。

——摘自《不能为了奖金“奋斗”》

马云在行动

2010年1月19日，马云在飞机上撰写内部邮件，回顾了阿里巴巴在过去一年的成绩，同时宣布，2010年，将对公司除高层以外的所有员工继续加薪。

对阿里集团来说，过去的2009年是精彩、复杂、遗憾和兴奋交错的一年。马云说："我们幸运地在2008年提前对经济形势做了危机判断，并采取了一系列的措施，更由于大家一如既往地艰苦努力，迎接了一次又一次的挑战并拥抱变化，集团取得了很大的成绩。"

尽管存在着很多问题，而且面临越来越多的挑战，但马云对整体结果表示满意。在邮件中，马云充分肯定了集团在2009年所取得的成绩，并给出75分。这是马云10年来首次宣布对阿里巴巴的打分结果，也是10年来所给出的最高分。

在加薪方面，马云强调了这样的观念：阿里巴巴不会因为竞争对手和行业做法而加薪，但所有阿里人将平等地分享公司成长带来的财富。奖金不是福利，要通过努力才能得到，"平均主义"在阿里巴巴行不通。

在加薪的同时，马云也并未忘记对员工价值观的强化。马云称，奋斗不是为了奖金或加薪，而是为了使命、愿景和梦想。巧妙的逆向推理，使员工明白了加薪原因——阿里人在和马云一起为梦想奋斗，而关于理想，是值得埋单的。

2007年，在阿里巴巴上市后，其初步招股说明书显示：阿里巴巴总股本为50.5亿股，公开发售8.589亿股。其中阿里巴巴4900名员工持有B2B子公司4.435亿股。按绝对值计，近千名阿里巴巴员工将拥有超过100万元。这创下了当时国内IT类上市公司最大规模的员工"造富"纪录。

此前，百度上市创造了8位亿万富翁，50位千万富翁，240位百万富翁。马云本人只持有阿里巴巴B2B子公司1.89亿股，以招股价上限粗略计算，上市后马云身价为22.7亿港元。其他7位董事中有3位身家过亿。

作为阿里巴巴的创始人，马云在上市公司的持股比例不足5%。此举可以说是马云激励手法的集中体现。对此，马云毫不讳言："这样，其他股东和员工才更有信心和干劲。"

美国哈佛大学教授威廉·詹姆士研究发现，在缺乏科学、有效激励的情况下，人的潜能只能发挥出20%～30%，科学有效的激励机制能够让员工把另外70%～80%的潜能也发挥出来。在马云看来也同样如此，他认为科学合理的激励机制，才能激发员工的工作激情和旺盛斗志。

可以说，马云的这种激励员工的机制可以说是最有效的，人要生存，要发展，精神是支撑，物质是保障，所以兼顾员工精神和物质的双重激励，才是最有效的激励方式，它让员工明白，工作不仅是员工的一种谋生手段，还能满足员工的价值感。

赢在执行

基层执行力关系到企业的竞争力，良性的激励机制，要能够充分调动员工内在的工作激情，为他们提供一个能充分发挥自己优势的空间，并构造一个科学的人才晋升渠道，使公司制度蕴含激励的巨大力量。

优秀的企业管理者，总是善于通过有效的激励机制来“释放”员工的工作积极性，使员工自觉积极进取。

《乔家大院》所叙述故事的历史背景是在清朝末期，那时没有成熟的现代企业制度，所有的商业都是家族式管理，甚至还有传男不传女思想，乔致庸开的钱庄也不例外。

但是，乔致庸的过人之处就在于他很快发现家族管理的弊端：论资排辈，伙计居于最底层，很多优秀的伙计不为老板所重视。他意识到，很多能干的伙计对钱庄业务发展至关重要，而他们低微的身份对调动这部分员工的积极性非常不利，而如果能够“激活”这些能干的伙计，钱庄的业务将实现关键性的突破。

于是，乔致庸果敢起用新人，从内部挖掘出28岁的马荀。马荀干过10年学徒、4年跑街，他个人揽下的生意占钱庄生意的80%，显然是钱庄里跑得最快的千里马。后来钱庄的发展证明了乔致庸的眼光，马荀这匹优秀的千里马成功地进入了接班人的行列，卓有成效地使钱庄起死回生。

马荀使乔致庸尝到了甜头，他以“伙计身股”实现了企业原有体制的创新。这些创新为钱庄生意带来了显著变化：伙计与掌柜甚至东家平起平坐，使他们越来越感觉到被尊重；钱庄效益和员工效益有机地结合在一起。这个激励机制的引进，极大增强了伙计们干活的积极性，钱庄生意更加兴隆。

由此我们看到，如果一个公司缺乏内部激励机制，就不会拥有富有活力的企业文化，员工就会丧失工作的热情和欲望。只有以科学有效的激励方式激起员工的进取心，企业才会有活力。

第二篇

培育文化，干出成效

——建设精神文化，提升执行力的重点

一个企业家，哪怕他的企业只有两三个人，他也必须有自己的思想，有自己独到的管理理念。一个企业，也应如此，需要有自己的文化、价值取向。马云认为，一个缺少文化的企业是一个没有灵魂的企业，只有建立起企业文化，才能让员工长久不疲的去为同一个价值观奋斗。

第四章
通过愿景变被动为主动

愿景令人欢欣鼓舞，它使组织和个人摆脱庸俗、产生火花。愿景能激发出人的勇气，使人去做任何为实现它所必须做的事。一个强大的愿景可以提高组织的战斗力。企业领导者应该设法以共同的愿景把大家凝聚在一起。

良好的文化是执行力组织发展的常青树

不管什么挑战，一起手拉手，大家拉一拉。一个人在沙漠走路是慌的，手拉手是不可怕的，当然不能手拉手往回逃。在巷子里面，进去了也就进去了，如果一个人往回逃，那么大家都会往回逃。

身体锻炼，天天去跑步是没感觉的，就是觉得稍微出了一身汗。锻炼指的是，同样在生很重的病时，两个人，一个人天天在锻炼，一个人不锻炼，但是生同样的病时，锻炼的人他发挥了很大的作用。平时的锻炼就是价值观的考核，价值观不是等灾难来的时候再去练的，平时就要跑步。灾难来的时候，那个人没运动，就完了，你活下来了。

我们不要讨厌这个process（过程），你们既然加入这个公司就believe（相信），在这个地方唱的经和念的佛就是六大价值观、使命感，不仅念，还要考核，新进来的员工需要考核，干部更要考核。

这家公司最珍惜的是使命感、价值观，我们跟其他公司都一样，商业模式都一样，唯一不一样就是我们希望将来成为我们DNA的东西，就是价值观。大家不要觉得这个人怎么这样，就是这样，你不爽等下一个CEO。告诉你，下一个CEO上来也是这样，下面的人都是这样子，肯定也是这样子，这是我们要的DNA。

我们要为我们的理想而走，否则我们永远不开心。

你们是新一班的湖畔人，我们湖畔学院主要是继承这种精神，value、vision，走出去以后你们只能说as crazy as Jack，believe it（像马云一样疯狂，信他吧），倒下去没有关系，再来过。没有believe会很痛苦，而且这个believe超过一万人的时候，这个believe会very powerful（非常有力）。

一个人believe是傻子，一百个人believe是蠢货，一万个人believe，那是信仰。Believe形成势头往前走，阿里巴巴人加入进来，高层干部一定要有这个believe。

——摘自《2008年4月湖畔学院三期讲话》

马云在行动

企业文化表面看是虚的，但它是企业经营的灵魂，它能激发人们创造性地、自觉地从事经营活动，为企业带来价值。

马云认为，一个缺少文化的企业是一个没有灵魂的企业，一个没有文化的网站也将是一个缺少灵气、无法大量凝聚人气的网站。可以说，他一直是一个伟大的“布道者”，是一个辉煌梦想的“鼓吹者”。他的“I have a dream”是做中国人办的全世界最好的公司，做世界十大网站之一，做个102年的企业！并且他让阿里巴巴所有员工和他一起，把这个梦想当作信仰，当作阿里巴巴的价值观，并将这一伟大的信仰落实在点点滴滴的行动上。

马云最值得人称道的是，他有一个坚定的信念，并为这个信念鞠躬尽瘁。他坚信互联网会影响中国、改变中国，坚信中国可以发展电子商务。相信电子商务要发展，必须先让客户富起来，如果客户不富起来，阿里巴巴就是一个虚幻的东西。

然而，带领着阿里巴巴的年轻人们，马云坚定不移地走着电子商务的道路，尽管电子商务也许3年、4年甚至5年都挣不到钱，但马云相信8年、10年后一定能够挣到钱。所以，阿里巴巴坚持把钱投入电子商务。到今天为止，马云仍觉得自己当时的战略举措是对的，在诱惑、压力面前阿里巴巴都没有改变。这不能不说是一种信仰。

很多时候，一个企业的文化，是通过领导者的思想和行为表现出来的。一个企业家，哪怕他的企业只有两三个人，他也必须有自己的思想，有独到的理念；他必须不断地在管理水平上、技术上、精神上、理念上充当一个领袖的角色，起到一个领袖的作用。只有他把个人行为做成群体行为，把个人道德做成群体道德，把个人行为做成群体行为，才能算是文化建设。

马云坚信这一点，所以他要求所有的员工一起去坚持理想，去为同一个价值观奋斗，他相信，只要一万个人相信一件事，那就是一种神圣的信仰。而也只有这样，才能激励员工为公司、为自己创造更多、更大的价值。

赢在执行

中国文化在化育人的灵魂方面有着独特的优势，再多的规章亦难以穷尽人心的复杂性。即使精通西方的管理方法，在我们本土企业的文化建设中也未必能够起到作用。从企业家的行为开始，从中国的传统文化中入手，定会找到我们自己最佳的表达方式。

举个例子说，勤俭节约一直是我们的传统美德，一个企业家就应该保持个人生活的简朴，必要时能和职工同住一栋宿舍楼，同在一个食堂吃饭。这些看似属于个人小事，却能让员工看到这个老板的个人道德。

新东方集团的俞敏洪在2008年北大新生开学典礼的演讲中提过，当年在新东方有一定规模的时候，他去美国找他当年班里的同学回来和他一起把新东方做大，他带着大把的钞票去，想证明给他的那些同学看，在中国也可以赚很多钱。

后来，他的那些同学和他一起干，但不是因为那些钞票，而是因为当年俞敏洪在北大读书的时候，给他们宿舍的人打了四年水。还有很多其他的事情，让他的同学们感觉到，俞敏洪是一个只有一碗粥也会分他们半碗的人，值得共事。像现在新东方研究院的王强老师等，就从美国回来了，他们的加入让新东方越来越强大。

现在，新东方受到越来越多的人的青睐，很重要的一个原因，就是俞敏洪以及其他新东方老师所代表的新东方文化得到大家的认可。从专业的英语学习方法到广泛的做人道理，这些东西构成了新东方文化的重要内容。在企业家身上体现的，是这个本土化的中国企业建设企业文化的表达式，事实证明，他很成功。

有一些企业喜欢提口号，有口号不一定是坏事，但是很多企业口号连篇，实际做法与口号中所提倡的内容完全不是一回事。这就无法笼络人心。口号可以提一点，起一个引导作用，但是如果完全背离，就起不到凝聚人心、提高竞争力的作用。

GE的文化建设很成功，它的秘诀就是，让公司的员工有共同的愿景，并在这个基础上把企业办成一个文化的组织。在这个过程中，GE非常有效地运用东方文化和东方宗教概念，把“六西格玛”管理技术上升为企业文化，把追求完美、追求超越视为企业的灵魂。这样的愿景给企业文化注入了强大的生命力，对GE品牌的建设，起到了不可低估的作用。

作为世界上四大文明古国之一，中国所拥有的源远流长的文化是东方文化的重要组成部分。西方的企业尚可以从东方的文化中找到其企业文化的表达式，我们中国本土的企业，更无须迷茫了。

确定方向，有效执行

我做过这样的调查，90%的企业家不认同我这个观点。我见过所有世界500强的企业，都讲这个。讲来讲去就是这两点：价值观和使命。

宋朝的梁山好汉一百零八将，如果他们没有价值观，在梁山上打起来还真麻烦。他们有一个共同的价值观就是江湖义气，无论发生什么事都是患难兄弟。这样的价值观让他们团结在一起。一百零八将的使命就是替天行道，但是，他们没有一个共同的目标，导致后来宋江认为应该投降，李逵认为我们打打杀杀挺好的，还有些人认为，衙门不抓我们就很好了，结果到后来整个队伍崩溃。所以，一定要重视目标、使命和价值观。

——摘自《2002年6月宁波会员见面大会演讲》

马云在行动

在这个世界上，有想法、有创意、有点子的人很多，但是能把一个想法、一个创意或者一个点子真正落实的人却很少，因为落实需要很长的时间、很多的人员，还会遇到很多困难 。所以，执行很重要。

企业家最成功的地方在于他能在企业使命上充分发挥领导力，而不是简单地带领员工去实现目标和利润。马云说，不要让同事为自己干活，而要让同事为企业的目标和理想干活。共同努力，团结在一个共同的目标下面，要比团结在一个企业家底下容易得多。企业家首先要说服大家认同共同的使命，而不是让大家为他个人干活。拥有了统一的目标和使命，企业全体员工就会朝着同一个方向前进，使自己的执行力得到提升。

马云说，当自己有一个傻瓜时，自己会很痛苦；有50个傻瓜是最幸福的，吃饭、睡觉、上厕所排着队去。当自己有一个聪明人时很带劲；当自己有50个聪明人实际是最痛苦的，谁都不服谁。马云认为自己在公司里的作用就像水泥，把许多优秀的人才黏合起来，使他们的力气往一个地方使，这就是他的工作。

在企业里，要加强员工对企业目标的认同感，这样才能激发他们的工作热情。这就需要确定一个明确的、具有可操作性的目标。马云建议说，如果给公司指出一个目标，这个目标必须非常明确、清晰，使整个公司从总经理到门口传达室的老大爷都得知道这个目标。当人们行动有了明确的方向，而且不断地与目标加以对照，人们的行为动机就会得到维持和加强，同时也会自觉地克服一切困难，努力达到这一目标。

因此，2004年，阿里巴巴重新确定公司目标：第一个是做102年的公司；第二个是做世界十大网站之一；第三个是“只要是商人，一定要用阿里巴巴”。

此后，马云又进一步思考那些伟大企业继续发展的深层次原因。他认为，2003年阿里巴巴在B2B领域发展得很好，但要怎么走下去，他很迷茫。当他站在第一的位置上，往往不知道该往哪里走，因为第二、第三可以跟着第一走，但是第一没有参照物。那时他就是凭着使命感做出一系列决定的。

赢在执行

目标就是方向，只有发展方向确定下来，才能获得有效的执行。相反，没有明确的目标，或是目标不专一的企业，再勤劳也是徒劳，就像一艘没有目的地的船，如果有目标、有方向的话，就算是中途遇到风浪，风浪停息后，还是可以调整好方向，向着目的地驶进。

壳牌石油公司的创立源于马库斯·塞缪尔的敏锐。他在10岁时就与父亲一起闯荡远东，把贝壳卖给箱包制造厂，用作装饰，然后再运到伦敦销售。

在多次的航程中，塞缪尔经常看到美国石油巨头洛克菲勒家族的油轮，这个无名小卒竟然从这些冒着浓烟的油轮上看到了自己的前途，敏锐的直觉告诉他：石油真是个不错的生意！从此以后，他放弃了一辈子卖贝壳的念头。

当他扩大了贝壳生意，赚取到足够的资金后，立即进入能源业。但是塞缪尔没有足够资金经营石油，就开始把远东的煤炭运到日本销售，完成了资本的原始积累。

随后，他组建了自己的石油公司，由于是从贝壳生意起家，石油公司的名字就叫壳牌石油公司。这个公司至今都坚持着塞缪尔的伟大信念：瞄准目标吧，没有不可能发生的奇迹！

建立目标管理制度的一个关键点，是要让企业的高层管理者们对整个企业进行一次深刻的考察，目的是了解本企业的目标、人力情况、本企业的优劣势以及本企业可用资源的状况等。通过对企业的经营实况做一番衡量，可以决定应从何处着手及应如何着手建立目标管理制度，才能取得最大的效果。通常应考虑以下的问题：

（1）目标管理制度能否成为一项正式的制度，倘若要成为正式的制度，那么应该“正式”到什么程度。

（2）是否全部管理层都应参与。

（3）制度的推行，是仅以企业的某一部门为限，还是应在整个企业全面推行。

（4）推行目标管理制度，是否与绩效奖金制度相结合。

（5）此项制度推行时，应与企业内部的管理信息系统及其他有关制度建立怎样的关系。

（6）推行目标管理制度之前，是否先有一段试行期间。

（7）是否应该先从企业内某一部门或某一管理层开始，然后再根据推行的经验决定是否扩大。

让天下没有难做的生意

两个月之前，我到纽约参加世界经济论坛，我听世界500强CEO谈得最多的是使命和价值观。中国企业很少谈使命和价值观，如果你谈他们认为你太虚了，不跟你谈。今天我们企业缺乏这些，所以我们企业会老不会大。

那天早上克林顿夫妇请我们吃早餐，克林顿讲到一点，说美国在很多方面是领导者，有时领导者不知道该往哪儿走，没有什么引导他们，他们没有榜样可以效仿。这个时候，是什么让你做出决定，克林顿说："是使命感。"

阿里巴巴认为，让天下没有难做的生意是我们的使命。现在名气最大的企业是GE，是通用电气。他们100年前最早是做电灯泡，他们的使命是让全天下亮起来，这使GE成为全球最大的电器公司。另外一家公司是迪士尼乐园，他们的使命是让全天下的人开心起来。这样的使命使得迪士尼拍的电影，都是喜剧片。

阿里巴巴做这个决定的时候，使命是让天下没有难做的生意。所有制造出来的软件都是要帮助我们的客户把生意做得简单。

——摘自《2002年6月宁波会员见面大会演讲》

马云在行动

阿里巴巴的使命是："让天下没有难做的生意"。所以员工做任何事情都必须围绕这个目标，任何违背这个使命的事情都不做。所以有人奇怪地问马云，凭什么做出这样一个决定，马云回答说是凭使命感。阿里巴巴每推出一个产品，首先要考虑的是这个产品是否有利于生意。阿里巴巴的使命就是让客户挣钱，帮助他们省钱，帮助他们管理员工。马云在做每一个决定之前，都会考虑怎样做才会使客户的利益更大化。

马云说，阿里巴巴提出让天下没有难做的生意以后，就把这个作为企业推出任何服务和产品的唯一标准。阿里巴巴以前曾经说最少推出一个免费的产品，工程师和产品设计师、销售师马上想到免费搞得复杂一点，将来收费搞得简单一点就可以了，所以产品就越做越复杂。但是，一旦想到企业的使命——“让天下没有难做的生意”，之前那样的想法就彻底消除了。阿里巴巴就是要把产品做得非常简单。让客户操作越来越简单，把麻烦留给自己，这就是使命感的驱动。

面对“为什么阿里巴巴当时选择了电子商务，而不是当时其他人所看好的赚钱方式”的提问，马云的回答是：只有电子商务才能改变中国未来的经济，他坚信人们进入信息时代以后，中国完全有可能成为世界一流的国家，无论是政治、军事还是文化。阿里巴巴成立的时候，马云就相信中国一定能进入WTO，而中国的腾飞又是以中小企业的发展为基础的，阿里巴巴用IT武装它们，帮助它们腾飞，也帮助自己腾飞，公司也能赚钱。

IDC互联网高级分析师黄涌涛认为，B2B网站的上市，最终要让中国4200万的中小企业受惠，中小企业中会产生更多的百万富翁、千万富翁乃至亿万富翁。“让天下没有难做的生意”的使命感，使阿里巴巴受到了众多客户的尊重。因为阿里巴巴这个平台，不仅解决了众多中小企业的问题，也为社会创造了很多的就业机会。

马云总结道：阿里巴巴是要让中小企业真正赚钱，让中小企业有更多的后继者，中国有13亿～14亿人口，20年以后可能很多人因各种各样的原因失业，他希望电子商务帮助更多的人有就业机会，有就业机会社会就稳定，家庭就稳定，事业就发展。

在马云看来，一个企业家要承担社会责任，并把这个社会责任贯穿于自己的工作中，企业要承担责任，要推进社会发展。这才是马云做企业的真实目的，也是他真正的使命。

赢在执行

执行要的是结果，但执行之前我们习惯将结果转换为目标，作为执行任务的行动方向。有了目标，就有了方向，也就有了行动的动力。

在2000年前后，中国互联网用户的主体上网行为是收发邮件、浏览新闻、搜索信息，这是一个被称为初识网络的网民时期；2002年后，短信、即时通信、交友、游戏成为上网者的最爱，形成一个个不同的社区，这是一个上网者开心、网络服务商赚钱的网友时期。这两个时期，上网者基本上充当的是网上消费者的角色。这一阶段互联网企业赢利的主要来源是短信和网络广告，网络还是一个被动的商业工具。2004年以后，网络变得不再被动。网商，这个互联网的新赢利模式正在被深入挖掘，并取得了非常大的成功。

网商，是指运用电子商务工具在互联网上进行商业活动的商人和企业家。据阿里巴巴公司调查显示，在我国数以千万计的中小企业中，已有1/4的企业开始尝试运用电子商务工具；在数亿的网民中，已有数以百万的人开始进行网上交易。

从阿里巴巴和淘宝网的实际情况来看，作为网商的组成部分，商人和企业家已经开始认识到B2B、B2C的魅力，而广大的普通民众也在自由、开放的C2C网站上流连忘返，网商群体正在迅速扩张、发展。马云用大笔资金投入并提供给所有人免费交易平台的阿里巴巴和淘宝网，以及出于信用系统考虑而免费提供的支付宝服务，所有这些，都毫无疑问地为所有有志于从事网络贸易和网络创业的人们开创了一片新天地。

马云成就了阿里巴巴和淘宝网，也成就了在阿里巴巴和淘宝网活跃着的网商们，以及由此带来的中国互联网的网商时代。

2004年6月12日，1000多名中国网商云集杭州，由中国电子商务协会和阿里巴巴公司主办的中国首届网商大会在西子湖畔召开。在中国互联网短暂的发展历史上，此次大会堪称商人群体应用电子商务的事例第一次大规模浮出水面，它不仅标志着互联网商业的渐趋成熟，也是中国传统企业运用互联网和电子商务方法和成果的一次展示。

马云概括举办此次大会的初衷："只有应用电子商务的企业成功了，电子商务产业的春天才会真正来临。"

马云希望网商大会能为网商群体和整个中国互联网事业指明出路，提供广泛交流和相互学习的平台。他告诉大家，B2B模式最终将改变全球几千万商人的生意方式，从而改变全球几十亿人的生活！

帮客户赚钱

杨澜：一开始当你决定要辞去一份收入虽然不高但是很稳定的大学老师的工作，开始创办中国黄页时，你觉得是一个什么样的想法？我仍然不能够完全接受你所说的只是为了多一点社会实践。

马云：很多人不能接受，但是我事实上是这样。怎么说？我是上世纪60年代末出生的人，理想主义者，在学校里教书，天天给学生讲这些东西，我觉得我还是很单纯、幼稚。尤其到现在，我越来越明确一点：人生是一个过程，它不是一个目的，所以你经历过多少，犯过多少的错误，这才是最宝贵的。

杨澜：但是这让你听起来像个圣人。你真是这样想的？你真不是为钱？

马云：我马云比其他大部分CEO要坚强的是，我不为钱干，永远不把赚钱作为公司的第一目标。你说到这个就要做到。最后你反过来看自己赚了很多钱，这是个结果，它不是我追求的目标。

因为我自己坚信，如果一个人脑子里就想赚钱的话，他脑子里想的是钱，眼睛里是人民币、港币，讲话全是美元，没人愿意跟你这样的人做生意的。

——摘自《马云接受著名主持人杨澜的采访》

马云在行动

马云在演讲中曾说："创业永远挑选最容易做、最快乐的事情，创业不是为了赚钱，而是你喜欢它，你喜欢这个工作，你喜欢做这件事情，那是最大的激情，最大的动力所在。如果你为了挣钱我告诉你，永远有比你想的更挣钱的东西。你选择是因为你喜欢，你喜欢你就不要抱怨。这个世界上我们可以批判，但是我讨厌那些几种，中国社会不能再这样那样，而你们一定会替我们找到未来。"

在马云看来，创业不应该以赚钱为目的，如果那样，很可能赚不到钱，而且也不开心，甚至陷于抱怨。赚钱只是一种结果，它永远不应该成为一个目的。

在阿里巴巴上市之后，很多人都说阿里巴巴创造了很多"富翁"，这些"富翁"当然是指阿里巴巴的员工。马云却有不同的看法，他觉得阿里巴巴要让客户成为富翁，他更希望自己的客户赚钱。

马云的这段话就足以说明问题："我可以很高兴地告诉大家，阿里巴巴一定会培养出无数的千万富翁出来。但是阿里巴巴要把自己的员工变成百万富翁、千万富翁，首先第一个是要有更多的客户因为用了阿里巴巴成为百万富翁，这是最关键的。阿里巴巴的使命是帮助中小型企业，它们的生意做得越来越好，其结果是我们公司也挣钱。"

很多人好奇阿里巴巴为什么会受欢迎，马云告诉他们："阿里巴巴是商人们用来赚钱的工具，因为大家依靠阿里巴巴赚到了钱，所以受欢迎是再正常不过的事情。”“帮客户赚钱”才是马云心中阿里巴巴的真实价值所在，阿里巴巴也因此成为“一等一”的产业。

赢在执行

在中国快递行业，顺丰速运近年来无疑让人瞩目。成为快递行业“巨头”，这样一个能够叫板EMS的民营企业，掌管百亿快递王国的顺丰董事长王卫却这样说：“做企业的目的不是赚钱，我是想做成一个平台，通过这个平台我可以实现我的价值和理想。”

1993年3月，作为第一代“水客”，背着装满合同、信函、样品和报关资料的大包往返于香港和顺德几年后，22岁的王卫在顺德创立了顺丰速运。当时，这家公司算上王卫本人也只有6个人。

经过18年的发展，截至2010年，顺丰的销售额已超过100亿人民币，年平均增长率40%，员工11万多人。据权威数据显示，2010年，在广东市场，顺丰已经超越EMS，成为快递行业的龙头老大；在国内市场，顺丰的市场份额也飙升至19%，是最大民营快递企业，离第一名的EMS仅有一步之遥。

然而，在谈到上市的问题时，王卫说：“上市的好处无非是圈钱，获得发展企业所需的资金。顺丰也缺钱，但是顺丰不能为了钱而上市。上市后，企业就变成一个赚钱的机器，每天股价的变动都牵动着企业的神经，对企业管理层的管理是不利的。”

“做企业应该踏踏实实，真正想做好企业，要做基业长青的企业，就要有远大的远景，要为未来进行大胆的投入、大量的投入。然而，成为上市公司后，每一笔投入，都要向股民交代，说服他们这笔投入是有利可图的，是可以在短期内获得利润的，要有业绩出来，这个我恐怕做不到，我真的没有办法保证对未来的战略性投入可以有立竿见影的效果，更不能保证我不会失败，这也违背了我做企业的精神。”

在王卫看来，做企业，是想让企业长期地发展，让一批人得到有尊严的生活。上市后环境不一样了，需要为股民负责，保证股票不断上涨，利润将成为企业存在的唯一目的。这样，企业将变得很浮躁，和当今社会一样的浮躁。

正是因为不将赚钱、上市作为企业的第一目标，顺丰才能成为一家备受认可的快递企业。尽管目前快递行业面临大整合，小型快递企业纷纷关门或者被并购，大型快递企业最终将彻底垄断市场份额的90%以上，最后幸存的快递企业只会有10家左右。

然而这并不影响顺丰做一家好企业、做一家基业长青的企业。而且顺丰可能正像一些人预测的，一定会成为中国的联邦快递（FedEx）。它10年之内也许会买100架飞机，全国八成以上的机场周围将来都会有顺丰的库房，光这两样，已经没有第二家能跟它比了。

把我们的80年改为102年

今天是5周年庆典，我想这一天想了5年。

五年前，我每天都在担心，能不能等到这一天。昨天我吃晚饭的时候开始准备，晚上也睡不着，我想不出要讲什么，但是我现在最想说的就是：我要感谢所有为今天做出努力的1600名员工。

记得1998年年底，在长城上，我们发誓：要创建让中国感到骄傲、让全世界感到骄傲的公司。我也想起了，宝宝回杭州的时候，湖畔花园家徒四壁，我记得他打电话给我，说因为没有空调，“手很冷”，然后是第一次融资，我们搬到华星。

我第一次担心，怕阿里巴巴不是阿里巴巴，我怕我们失去了湖畔的精神，但是我们在华星，很好地保留了当时的文化。昨天我走回公司，发现了楼下一大排的出租车，这让我想起了在华星，每天晚上到一两点的时候，都有许多出租车司机在外边等。所有的杭州司机都知道，阿里巴巴再晚还是有人在那工作。但是现在，我又开始担心了，创业大厦比华星更豪华，阿里巴巴会不会变化？我们的旗还能走多远？

我们的目标使命和价值观，是鼓励我们走下去的动力。我建议大家从明天开始，把我们的80年改为102年，成为中国最伟大、最独特，成为横跨一个世纪的公司。如果能活102年，就是我们最大的成功。阿里最大的成功不是我们有了诚信通、中国供应商，而是创造了伟大的公司。

102年我肯定看不到，到了那时，我130岁。我们可以把自己的孩子、孩子的孩子请到这里来，让他们今生无悔。

我们生存着，是因为我们有价值观、使命和企业文化。回顾以前，我们要想想，在未来的市场，什么是我们真正要坚持的。

——摘自《2004年阿里巴巴五周年庆典讲话》

马云在行动

阿里巴巴创业初期，马云提出要活80年，为什么是80年而不是100年，马云是这样解释的：

“我认为百年太多了，都要提百年，中国人都要讲百年，而有八成中国企业的平均寿命只有6～7年，有13年的很少，有18年的更少。然后我想80年，已经是很妖怪一样的人了，你干吗一定要活100年？大家都说100年，而我觉得80年是一个人的生命周期。”

“我本来以为我觉得我们公司真不错，现在一个月的收入这么高，利润又那么好。对不对？好像在中国我们也飘飘然，有几家上市公司有像我们这样的利润？我在日本时碰到一个企业家，一个老头，我去参观他的公司我真看不起那公司，没听说过这个名字，叫Tomen（东绵贸易）公司，可能你也没听说过。那老先生说我们今年生意不是很好，营业额不是很好，那我说营业额不是很好是多少？他说200亿，我说200亿日币，他说200亿美元。”

“我都要晕过去了，200亿美元还说生意不是很好，一比以后你会觉得这就是距离。然后我就觉得忘掉什么一个亿利润、几个亿的收入，如果你真的希望成为一个国际性的公司，在你脑子里面如果一个亿美元的营业额都没做到的话，我们叫作peanut，连花生你都不是。所以我们阿里巴巴还是个芝麻，绿豆也没做到，花生也没做到，还有很长的路要走，所以现在挣的钱都是零花钱。”

对于提出要做一个80年的企业，马云还有另外一层用意：

“我们原先2000年的口号是做80年，这个‘80’是定出来的，我是拍脑袋说出来的。1999年互联网，很多人在公司上市8个月，就跑掉了。全中国人民都在讲互联网可以上市圈钱然后大家就跑。”

“而我们在公司提出我们要做80年的企业，反正你们待多久我不担心，我肯定要办80年。直到今天我还在说我不上市，所以很多人，为了上市而来的人，他就撤出去了，提出80年就是要让那些心浮气躁的人离开。”

之后，在阿里巴巴5周年庆的时候，马云又提出了一个新的目标：

“阿里巴巴要做102年的公司，诞生于20世纪最后一年的阿里巴巴，如果做满102年，那么它将横跨3个世纪，阿里巴巴必将是中国最伟大的公司之一。”

“至于你能走多远，第一是梦想很重要，阿里巴巴第一天出来就是要走80年，现在我们又有明确的目标出来，要做102年。这个世纪我想活100年，下个世纪我们再活2年。在102年之前任何一个时候时间我失败，就是我没有成功。”

做一个一百零二年的大企业，阿里巴巴将经历3个世纪。马云不仅要做一个商业王国，还要做一个屹立3个世纪不倒的大企业。

2006年，马云再次强调了要做102年企业的决心。很多企业为了赚钱寻找机会，而阿里巴巴为了l02年这个目标，就研究全球具有100多年发展历史的企业，以及他们的体制与机制的组织力量。体制建设、文化建设、体系建设这种组织力量的建设，是阿里巴巴和其他公司最大的区别。阿里巴巴需要的，绝对不是什么电子商务B2B，而是财务部门、运营部门、执行层面的制度的建设，从员工的招聘培训成长到整套的体系建设。

马云认为，一百零二年的任务不是自己一人就能完成的，就像接力赛，必须要几个人甚至几代人共同完成，马云认为自己跑的只是第一棒。

赢在执行

愿景令人欢欣鼓舞，它使组织和个人摆脱庸俗、产生火花。愿景能激发出人的勇气，它能使人去做任何为实现愿景所必须做的事。一个强大的愿景可以提高组织的战斗力。

要建立被组织认同的共同愿景，要在企业目标的基础上，将员工个人愿景中的实质加以提炼，使员工的个人愿景与组织愿景汇聚在一起，这样的共同愿景才能切合实际，并和每个人的个人愿景相契合。就如同汉诺瓦保险的欧白恩所观察到的：“我的愿景对你并不重要，唯有你的愿景才能够激励你自己。”

例如，迪士尼的共同愿景是成为“制造快乐的公司”，它的范围很宽广，所有和快乐相关的事业都是它的领域。但它也很专业，只从事和快乐相关的事业。最重要的是，这个目标永远追求不完。

愿景并不是空中楼阁，可望而不可即，真正的愿景是一个通过努力就可以达到的目标，人们可以在心中想象愿景逐渐实现的景象。

这方面诺基亚能为我们提供一个典型。

诺基亚最初在芬兰的诺基亚河建厂时，只不过是一家小小的木材加工厂。

诺基亚公司的崛起得益于总裁奥利拉大刀阔斧的改革。1993年，奥利拉下达命令：将移动通信之外的部门通通卖掉！此命令一出，立即遭到强烈反对，尤其是那些老员工，大骂奥利拉是“败家子”。

奥利拉没有为自己辩解，更没有因此改变自己的决策，他的理由是：卖掉其他部门，以保证移动网络和移动电话业务的持续发展。

每出售一个部门，诺基亚的老员工就会减少。随着部门的出售，诺基亚的队伍也越来越年轻。有一年，某技术学院一个班的毕业生全都来到了诺基亚。

这时，奥利拉让这群年轻人明白了他的愿景。他要快速而坚定地转向电信业发展，并且要使诺基亚在全球的网络覆盖超过麦当劳！所有年轻的诺基亚员工都认识到了总裁奥利拉的规划以及出售诺基亚其他部门的行为，这是一项极富创意的决策，这一共同愿景的建立使得年轻人激情大增，也使诺基亚进入了快速发展时期。

1998年8月的一天，位于芬兰赫尔辛基西部的诺基亚总部一片欢腾，人们打开一瓶又一瓶香槟，庆贺公司销售网覆盖的国家超过了麦当劳！当时，诺基亚的产品已经销往130个国家，比麦当劳多15个；在10个国家建厂；在45个国家设立销售办事处，拥有48000名员工，年销售额达到1180亿克朗。

诺基亚由最初一个毫不起眼的木材加工厂发展成一个举世瞩目的国际知名企业，靠的就是总裁奥利拉坚定不移的要在电信业发展，并使网络覆盖全球的伟大愿景！

但建立共同愿景也不是一蹴而就的工程，它的建立和完善需要细致的工作和漫长的过程。在这个过程中，“愿景”还必须得到“使命”的支持。愿景解决的问题是我们要创造什么，它往往是一种相对宏观和抽象，又需要长期奋斗才能接近或实现的目标。

一旦一个企业整合了共同愿景，就会产生衷心渴望实现目标的内在动力，主动而真诚地奉献和投入。企业领导者应该设法以共同的愿景把大家凝聚在一起，个人要善于将领导的理念融入自己心里，为实现共同的愿望而努力。通过组织和个人的共同努力，产生追求卓越和追求更高目标的热情，使组织成为拥有统一愿望和目标的共同体。

第五章

明确价值观，让企业持续发展

企业价值观是指企业及其员工的价值取向。因为有了这一判断标准，所以员工才知道什么是重要的，什么是可有可无的；什么是该做的，什么是不该做的。

一个企业，需要企业价值观的引导。松下幸之助说过，企业规模小时，能做到什么规模要看老板的能力；而企业做大之后，还有多少潜力则取决于员工的胸怀。好的企业价值观能够拓宽员工的胸怀，激发员工无限的工作热情和责任心。

靠服务吃饭

我们是一家现代服务业的公司。我告诉我们所有的员工，阿里巴巴是家现代服务业公司。说透一句话，我们靠服务吃饭。服务绝对不是这个部门的工作，绝对不是那个部门的工作，服务是每个员工的工作，是每个manager（管理者）的工作。

我特别希望我们阿里巴巴也出现这样一批员工，就像我上次说的，TOYOTA（丰田）公司，那个老头能够在下雨天去替别人修在马路中间爆胎的汽车。我们员工要捍卫、建立自己这方面的服务品牌。

前段时间，我的电话号码好像被谁公布到了网上，所以各种各样的电话都打过来，昨天晚上还有人跟我打电话，很晚了，我刚从日本回来。他还很激动，是不是马先生？我是阿里巴巴诚信通的客户，在诚信通上面受骗了，来投诉你们的服务人员没有理我，所以我现在要向你投诉。我们的渠道不通，电话都打到我这里了。

服务是世界上最贵的东西。世界上什么东西最贵？机器不贵、设备不贵、房子不贵，都是可买的。只有服务是最昂贵的，服务用的是我们每个人的时间，我们的时间是没有办法买回来的。

现在，星期六、星期天，我们服务人员要值班。请大家做好工作，我觉得很快就要建立起来。因为淘宝网啊、支付宝啊、阿里巴巴啊，服务人员休息，客户的生意没法休息。

这里跟大家通报一下情况。最近我们还看到了很多文章，90%的文章都是骂我们的，还有10%的文章是我们自己写的。跟我判断的一样，大家不要吃惊。外面现在10%的文章我们也不写了。也确实有我们的对手请了四五家公关公司天天在给我们写不好的文章。我们都知道，说我们今天要破产了，明天要走到一个什么边缘了，后天又要怎么怎么。有些文章我很想拿来和大家分享一下，提高一下抗击打能力。

商业不挣钱是不道德的，但是光为了挣钱也不道德。我们还是要创造需求，创造市场。如果大家发现外面有什么异常现象，有什么不明确的事，立刻写信，立刻跟我沟通，我会把事情跟大家讲清楚的。

——摘自《2007年8月湖畔学院讲话》

马云在行动

在阿里巴巴，在马云平凡的理念中，也有像天神一样地位的最高原则，不容侵犯和更改，那就是阿里巴巴是一家服务公司，这是对阿里巴巴最准确的定位，也确定了阿里巴巴未来的发展方向。

2002年，阿里巴巴推出了诚信通，建立网络的诚信体系。

2003年，当所有人都认为阿里巴巴将在B2B领域深度挖掘的时候，它突然创建了淘宝网，公然挑战全球C2C领域的老大eBay。

2005年夏天，阿里巴巴大手笔收购雅虎中国，进入搜索和门户领域。

2007年，阿里巴巴宣布成立第五家分公司——阿里软件，进入企业商务软件领域。

当人们都不知道阿里巴巴到底要做什么的时候，马云给出了答案：阿里巴巴的发展方向是“达摩五指”，包括诚信体系、市场、搜索、软件和支付这5个发展方向。但是，人们并不知道阿里巴巴到底是一家什么公司，IT、电子商务、零售、搜索、国际贸易或者其他？

马云并不认同“阿里巴巴是一家电子商务公司”的观点，他更倾向于“阿里巴巴是一家商务服务公司”的说法。阿里巴巴只是将全球的中小企业进出口信息汇集起来的平台。因此，“倾听客户的声音，满足客户的需求”是阿里巴巴生存与发展的根基。

关于什么是电子商务，马云解释道：这几年电子商务被说得越来越神奇。他打心眼里不太愿意参加IT的论坛。人家一说马云是IT的业内人士他就慌了，阿里巴巴不是一家IT企业，而是一家服务公司。

“电子商务就是一个工具，阿里巴巴是家服务公司”这一理念，让马云坚定了信心：技术就应该是傻瓜式服务。阿里巴巴能够发展得这么好，主要是他们的CEO不懂技术。大批懂技术的人跟不懂技术的人工作，会很开心，马云也觉得很骄傲，因为有80%的商人跟他一样不懂技术。他要求阿里巴巴技术非常简单，使用时不需要看说明书，一点就能找到想要的东西。技术应该为人服务，人不能去为技术服务。

马云说，今天是用电子商务帮助客户成功，如果明天有更好的方法帮助客户成功的话，他一定会扔掉电子商务把它经营起来，客户是最重要的，用什么样的方法并不重要。

未来电子商务的赢家绝对不是纯传统企业，也不是纯网络公司，未来的赢家一定是能把传统企业和电子商务结合得很好的企业。这正是马云将阿里巴巴做成服务企业的理念源泉。

赢在执行

比尔·盖茨说："21世纪所有的行业都是服务性行业。"现在，服务已不再是狭隘的服务，而是一种大服务观念，它是一种人与人之间的沟通与互动，来源于所有人和所有行业，也就是说，我们每个人都是在从事服务业。

服务决定成败，服务创造价值。一个没有服务观念、不提供优质服务的企业，必将被同行远远地甩在后面；而一个以服务为经营理念、以服务赢得顾客的企业，必然会遥遥领先于同行。

在日本东京，有一家名为新都的理发店，每日顾客盈门，生意兴隆。这家理发店看上去并不比别的理发店高档，那么，他们是靠什么办法吸引众多顾客前来理发的呢？有人专门做过调查，发现新都理发店之所以门庭若市，只是出于偶然，出于店主转变经营观念的一个新颖的创意——"出租"女秘书。

那天雨下得很大，一位顾客来店里理发，刚理到一半时，他的手机突然响了，老板让他立即将一份拟好的协议打印好，送到客户公司。

这下，那位顾客变得非常焦急，望着窗外的滂沱大雨，再看看自己刚理了一半的头发，进退两难。最后，他还是决定放弃理发，冒着大雨去打印文件，这位顾客的狼狈是可想而知的。

顾客走后，理发店的老板并没有觉得这件事和自己的生意无关，他陷入沉思，仔细思索着这件事，希望能有更好的方法解决这类问题。于是，一个新的服务项目很快在新都理发店应运而生。经过策划，该店雇了一位办理贸易手续的专家、两位办理文件的女秘书、一位日文打字员、一位英文打字员和一位英文翻译。

如果顾客是带着文件来的，顾客理发时女秘书们就会帮忙整理文件；如果顾客需要打印文件，在理发店里就可以完成。所以，顾客在等候或理发的时候也和在办公室里一样可以办公。

新都理发店的这项服务一经推出，一下子就吸引了很多每日工作繁忙的顾客，他们觉得来理发不仅可以及时处理手上的工作，还是一个很好的放松机会。新都理发店依靠这个特色服务，年营业额增加了5倍。

日本一位经济学家称："优质的服务是回报率最高的投资。"也就是说，服务能够产生价值，服务本身也是一种价值。服务好，顾客不但会再次光顾，还很可能会介绍更多的人前来；服务不好，顾客就不会再上门，周围的人也将得知这一点。

没有优质的服务，就无法赢得顾客；拥有最完美的服务，就能获得永远的支持。以服务精神善待每一位顾客，服务每一位顾客，就点亮了一盏吸引顾客的明灯，也为企业照亮了一条通往美好未来的道路。

客户第一

在这个公司里面我们提出了六大价值观，在我们公司称为"六脉神剑"，我们第一个价值观就是"客户第一"。

在这个公司里面，我们跟别人可能不一样，很多人讲员工第一，我认为员工第一有点虚伪。我们聚在一起的目的是干什么，是为社会创造价值，是改变别人，是影响别人，服务好客户。是谁付我们钱的？不是老板付你钱的，是客户付我们钱的；不是投资者给我们钱的，是客户给我们钱的。所以，客户永远是上帝，客户第一。

因为如果觉得员工第一有可能变成大锅饭；股东第一，有可能像美国安然一样，欺诈，为了让股市搞上去，天天编故事，让股市上去。所以只有坚持客户第一的公司，它才能持续增长地发展，所以我们提出了第一点，在公司里面一切围绕着客户第一。

——摘自《马云：文化是企业的DNA》

马云在行动

当今社会，“顾客就是上帝”这句话已成为口头禅，许多公司也将“客户永远是对的”这一原则奉为最高信条，包括阿里巴巴也是如此。但马云认为，有时候客户是错的，他们不知道企业在干什么，但是企业明白自己在干什么。

马云曾说过，阿里巴巴也有“三个代表”，他说：“我们的‘三个代表’，第一，必须代表客户利益；第二，必须代表员工利益；第三才是代表最广大的股东利益。”在谈到如何体现“客户利益”时，马云这样说道：“营业额很重要，但我要给大家一个清楚的信息，我们的客户数、客户满意度更为重要。为客户服务好，这是永远不会变的道理。”

“客户是父母，股东是娘舅”，这是马云提及客户与股东对于阿里巴巴的影响时用的一个比喻。对于阿里巴巴这样一个服务型的企业，马云深知客户的重要性。

在被阿里巴巴称为“六脉神剑”的价值观中，“客户第一”被置于价值观金字塔的顶端，并有详细阐述：客户是衣食父母。无论何种状况，始终微笑面对客户，体现尊重和诚意。在坚持原则的基础上，用客户喜欢的方式对待客户。为客户提供高附加值的服务，使客户资源的利用最优化。平衡好客户需求和公司利益，寻求并取得双赢。关注客户的关注点，为客户提供建议和资讯，帮助客户成长。

阿里巴巴所有产品或服务的推出，都建立在这一价值观之上。从客户的角度出发，为客户创造价值，这也正是阿里巴巴受到客户欢迎的根本原因。马云在面对不同客户时，他没有采取复杂的个性化服务，而是化繁为简，替客户着想，为客户提供简单有效的方法，让客户的生意做得更加轻松。

马云以“客户利益最重要”为基础，要求阿里巴巴的员工必须认同这一文化，要以顾客为导向，来指导自己的工作。为方便客户进行电子商务的操作，他收购雅虎中国，完成了信息流建设；与中国邮政合作，完成物流方面的建设；与银行合作，并推出支付宝，努力解决资金流的问题。马云还希望将电子商务变得像自来水一样方便，“随手一拧就是”。

赢在执行

稻盛和夫创立了两家世界500强企业，这不得不让人思考：是什么样的力量带来如此好的结果呢？其实，稻盛和夫的秘诀就是把顾客放在第一位，尽心尽力地为顾客服务。稻盛和夫告诫自己的员工，营销的基本态度就是要当客户的仆人。甚至可以说，因为对客户的重视，才有了稻盛和夫的经营成就。

美国出版过一本非常畅销的管理科学著作——《成功之路》，强调美国优秀企业应该遵循的八大原则，其中第二大原则为：顾客至上。作者认为，“出色企业”是“始终如一对用户的执着”，为顾客服务应作为企业的战略来研究。

提起麦当劳，在当今可以说是无人不知、无人不晓。作为世界上最大的快餐集团，从1955年雷蒙·克罗克在美国伊利诺伊州开设第一家麦当劳餐厅到现在全世界已拥有28000多家餐厅，麦当劳的“黄金双拱门”早已深入人心，成为人们熟知的世界品牌之一。

麦当劳之所以能够如此辉煌，与它的优质服务是分不开的。在长达30年的经营实践中，克罗克深深明白了这样一个道理：消费者都是在一定的历史条件下，一定的社会环境中生活的。因此，只要能做到“顾客第一”，财富就会像密西西比河的水，源源不断地涌来。

麦当劳快餐连锁店的经营，一律采用独具特色的“自我服务”形式。顾客只需排一次队，便可将食品带走。快餐店保证在生意最忙时，也只需一两分钟就能将热气腾腾的快餐食品送入顾客手中。

为了方便顾客，他们在店面10多米远的地方装上通话器，巨大的牌子上标着醒目的食品名称和价格。当人们驱车经过时，只需打开车窗门，向通话器报上所需食品，服务生迅速算出价钱，马上将食品准备好，等车开到店前小窗口，便可以一手交钱、一手拿货，几乎不用停车，马上就可以继续赶路。

克罗克将顾客至上的经营原则贯彻到每一个细节，设在高速公路两旁的快餐连锁店，在出售食物时，总是事先把顾客所需的食物包装好，以免在车上倾洒出来。他们还想到了顾客用餐可能要用到的各种用具，比如塑料刀叉匙、吸管、餐巾纸等，连同食品一起用一个大纸袋包好交给顾客。因此，高速公路上的食品生意几乎为麦当劳一家独揽，其他快餐店望尘莫及。

把顾客放在第一位，使他们始终得到满意的服务，这是麦当劳兴旺发达的法宝。作为企业，要想永远留住顾客，就要做到以顾客为中心，急顾客之所急，想顾客之所想，为顾客提供最快捷、最方便的服务。

统一价值观

公司要有一个统一的价值观。我们的员工来自11个国家和地区，有着不同的文化，是价值观让我们团结在一起，奋斗到今天。我们请来的首席执行官，他53岁了，是传统企业的老经理人，非常出色，他在GE工作了16年。

我们总结了9条精神，是它让我们一起奋斗了4年。我们告诉所有的员工，要坚持这9条，第一条就是团队精神，第二条是教学相长，然后是质量、简易、激情、开放、创新、专注、服务与尊重，这9个价值观是阿里巴巴最值钱的东西。

我们在2000年制订了共同的使命、共同的目标、共同的价值观，新员工只有经过学习才能加入阿里巴巴。今天想跟大家讲，使命、价值观、目标是任何一个企业、任何一个组织机构一定要有的东西。如果没有这三样东西，你走不长，走不远，长不大。

——摘自《2002年6月宁波会员见面大会演讲》

马云在行动

2003年，阿里巴巴的大股东孙正义召集他投资的所有公司经营者开会，每人有5分钟时间陈述自己公司的现状，马云是最后一个。马云陈述结束后，孙正义说："马云，你是唯一一个三年前对我说什么，现在还是对我说什么的人。"

当然，这并不是说马云前后说的是同一番话。孙正义指的马云三年前说的话，就是1999年阿里巴巴创建时所确立的目标。当时，马云判断，中国必将加入WTO，这也意味着中国企业到国外开展业务指日可待。所以，阿里巴巴创立的第一个构思就是，通过互联网帮助国外企业进入中国，帮助中国企业出口。

马云经过认真考虑，认为推动中国经济高速发展的是中小企业和民营经济，所以，阿里巴巴应该帮助那些真正需要帮助的企业，这是马云最早的构思。到2003年，马云仍坚持这样的构想。马云的专注和坚持让孙正义决定继续投资阿里巴巴。

阿里巴巴的发展证明，这个构思一直是马云“专心”要做的唯一大事。这也是阿里巴巴能走到今天，并愈走愈坚定的关键所在。这个构思在经过互联网多年的风潮沉浮之后，不仅没有动摇，反而更加坚定。

马云曾说过：“经济条件、经济利益、办公条件我们都可以讨价还价，但有一样东西不能讨价还价，那就是企业文化、使命感和价值观。我们的企业是一个使命感驱动的企业，‘让天下没有难做的生意，创办中国创办全世界最好的公司，做102年的公司’，这些目标从第一天起直到现在，我们不想改变，我们也不会改变。从今天起到未来，我本人以及今后接任我的CEO，都必须按照这个目标走，这个我不跟大家讨价还价。”

马云是这么说的，也是这么做的，无论面对什么样的境况，坚守企业的价值观、使命感是马云毫不退让的原则。

赢在执行

马云曾举例说，爱迪生企业的使命是什么？Light to world（让全世界亮起来），从企业CEO到门卫，大家都知道要将自己的灯泡做亮、做好，结果现在“打遍天下无敌手”。我们再看另外一家公司——迪士尼。迪士尼公司的使命是Make the world happy（让世界快乐起来），所以迪士尼所有东西都是令人开开心心的，拍的戏也都是喜剧，招的人也全是快乐的人。

还有另外一家公司TOYOTA（丰田汽车公司），它的服务让全世界都懂得尊重。据说，在芝加哥的一个大雨天，路上一辆TOYOTA车子的雨刮器突然坏了，司机傻在那里，不知该怎么办。突然从雨中走来一位老人，趴到车上去修雨刮器。司机问他是谁，他说他是丰田公司退休的工人，看见他们公司的车坏在这边，他觉得有义务把它修好。这就是强大的使命感和企业文化，它使得每个员工将公司的事当作自己的事。只有在这样的使命感的驱使下，才会诞生今天的迪士尼、今天的丰田。

如果根植在一个企业的核心价值观，随着时间推移而变成不可动摇的天条或信念，它就成为一种核心竞争力，成为一种最不可模仿、最不可替代的能力。可见，不同价值观决定着企业和个人如何算账、如何看未来，从而决定了企业未来的发展程度。

惠普公司创始人休利特和帕卡德在1957年惠普公司上市之际，确立了公司的核心价值观，其主要内容是“客户第一，重视个人，争取利润”。公司围绕这种宗旨和价值观，制订出许多具体规划和实施办法，最终形成了被业界誉为“惠普之道”的惠普文化。

在惠普公司的发展历程中，惠普的制度经过多次调整和完善，但其核心价值观从未改变过。核心价值观使惠普这个从车库里走出来的公司，发展成了一个享誉全球的大公司。惠普公司的成功源于对惠普核心价值观锲而不舍的坚持。惠普前总裁卡·菲奥莉娜说：“惠普取得持续成功的关键，就是惠普的创造力、惠普的核心价值以及行为准则的精神。”她认为企业发展的关键因素不是技术而是对核心价值观的坚持以及在思想指导下保持管理制度的传承性。

承担责任

世界不需要再多一家互联网公司，世界不需要再多一家像阿里巴巴一样会挣钱的公司，世界需要的是一家更加开放、更加分享、更加有责任感的企业，社会需要一家社会型的企业，来自社会，服务社会，对未来社会充满责任承担责任的企业；世界需要的是一种精神，一种文化，一种信念，一种梦想。

阿里人未来10年坚守我们的信念，坚守我们的文化，坚守我们的

资了一家对社会有巨大促进作用、对社会承担巨大的责任、帮助就业、成就梦想的公司。只有这样的公司，你投资你才会觉得有成就感。

——摘自《2009年阿里巴巴十周年庆典讲话》

马云在行动

一个企业家创办企业，肯定有自己的初衷、自己内心的真实目的。马云有着独特的企业家情怀，他对企业家的社会责任感有真切的看法，并且将之付诸行动。这些其实是他创建阿里巴巴的内涵和延伸，是他做企业的真正动力和目的。

马云希望自己的电子商务能让更多的人就业，这样家庭才能稳定，事业才能发展，社会才能稳定。他用自己的理论唤醒他人，用自己的行为感染他人，这也是企业家社会责任的一种体现。

马云对企业、企业家与社会责任三者之间的关系有自己的理解。

社会责任不该是一个空的概念，也不单纯局限于慈善、捐款，而是与企业的价值观、用人机制、商业模式等息息相关。做企业赚钱，赚很多的钱，许多人都这么想，但这不是阿里巴巴的目的。让员工快乐地工作、成长，让用户得到满意的服务，让社会感觉到企业存在的价值，这才是阿里巴巴的责任所在，至于赚钱和社会回报，那是水到渠成的事。

在2006年以“新财富观：社会责任价值共创”为主题的中国管理100年大会暨“双十”颁奖典礼会议上，马云再次阐述了他对社会责任的理解。他说最近很流行社会责任感，他觉得在中国这种情况下的企业，三件事情是最重要的：

第一，必须对自己提供的产品和服务承担起社会责任。如果自己挣再多的钱，但是制造的产品跟服务是对社会有害的，比如曾经的红心鸭蛋，所有吃的东西，提供这些服务和产品对社会有害，哪怕捐再多钱他也看不起这些人。

第二，依法纳税。一方面想着避税，另一方面又想着年底要捐多少钱，这些人也不少，马云也看不起。

第三，在中国现在的形势下，企业家最稀缺的资源应该是把所有的钱用于扩大自己的经营，增加就业机会。现在大学生说找不到就业机会，马云觉得大学生需要的不是低廉的工资，大学生需要的是就业机会，而创业机会最大的是企业家。马云表示如果自己今年六七十岁，也像李嘉诚、巴菲特那样把自己的钱捐出去，但是今天他觉得最重要的是创造优秀的服务、优秀的产品，能够依法纳税，能够创造更多的就业机会，让更多的人有工作，在社会上生存。

社会责任一定要融入企业的核心价值体系和商业模式中，才能行之久远。也就是说，一个企业的产品和服务必须对社会负责。如果卖的产品和提供的服务对社会有害，即使做得再成功也不行。

在马云看来，中国今天还没有世界级的企业，中国的企业还很小，路还很长，企业家把自己的企业做好，自己的产品和服务对社会承担责任，依法纳税，创造更多的就业机会，这可能是当今企业家首先要承担的社会责任。

赢在执行

爱默生说："责任具有至高无上的价值，它是一种伟大的品格，在所有价值中它处于最高的位置。"领导就意味着责任，承担责任会赢得更多的尊重。只有你承担起责任来，才能将整个团队带好，才有领导的魄力和信服力。

2013年5月10日，马云在卸任阿里巴巴CEO的演讲中说：

"做公司，到这个规模，小小的自尊，我很骄傲，但是对社会的贡献，我们这个公司才刚刚开始。"

“我们今天得到的远远超过了我们的付出，这个社会在这个世纪希望这家公司走远走久，那就是去解决社会的问题，今天社会上有那么多问题，这些问题就是在座的机会。如果没有问题，就不需要在座的各位。”

“阿里人坚持为小企业服务，因为小企业是中国梦想最多的地方。14年前，我们提出了‘让天下没有难做的生意，帮助小企业成长’。今天这个使命落到了你们身上，我还想再为小企业讲，人们说电子商务、互联网制造了不公平，但是我的理解，互联网制造了真正的公平。”

“全国各省、各市、各地区，有哪个地方为小企业、初创企业提供税收优惠，互联网给了小企业这个机会。有些企业三五年内享受了五六个亿用户，他们呼唤跟小企业共同追求平等，小企业需要的就是500块钱的税收优惠，请所有阿里人支持他们，他们一定会成为中国将来最大的纳税者。”

企业是社会的细胞，社会是企业利益的源泉。企业在享受社会赋予的条件和机遇时，也应该以符合伦理、道德的行动回报社会、奉献社会。很多优秀的企业早已证明了这一点：社会责任感强的企业，才更受尊重。

作为中国“最具社会责任感企业”和“中国最受尊敬企业”的一员，青岛啤酒靠的是实实在在的行动，社会的认可和肯定是它“社会价值高于企业价值”的充分体现。

2008年1月，中国南方遭遇了50年一遇的罕见冰雪灾害。1月29日，青岛啤酒紧急抽调湖南区域上百名员工，给上万名受困群众送去面包、饼干、纯净水、棉大衣等救助物资。青岛啤酒员工与政府、媒体一线记者、广大部队官兵在刺骨的寒风暴雪中共同给受困数日的群众带去温暖。

从1月29日早8点到30日凌晨2点，100多名青岛啤酒员工奔走在京珠高速上，在救灾物资都已发放完毕的情况下，青啤员工毫不犹豫地将身上的棉袄也脱了下来，送给被寒冷折磨的司机和乘客，而他们穿着单薄的衣裳继续传递爱心。

在全国助残日活动期间，青岛啤酒特为残奥会捐赠150万元人民币，用于残奥会的筹备和赛事使用，支援中国残疾人体育代表团更好地备战残奥会，让更多的残疾朋友参与进来，感受奥运带给大家的激情与活力。

企业不关注责任、不关注未来是走不远的。企业履行社会责任与企业品牌建设有着直接、深切的联系，履行社会责任已经成为企业品牌建设的新的路径依赖。把社会责任纳入企业的发展蓝图，这样的企业才能走得更稳、更远。

第六章

建立自我，追求忘我

对于企业而言，没有失败的计划，只有失败的执行。企业的管理者无论制订了什么样的计划，一般都有实现的可能，而更为重要的工作就是怎样把握这种可能，将其变成现实。所以，对企业领导者而言，制订计划只是长征的开始，其更大的精力应该放在怎样保障计划的执行上，执行才是更为严峻的考验。

树立价值品牌

淘宝商城修改规则，导致很多人来闹事，他们不是毫无道理，我仔细倾听了很多，我觉得我们要反思。我们准备怎么进行改变？阿里巴巴集团、淘宝商城，我们不会违背原则，我们绝不会因为压力而退半步。什么是我们的原则？维护电子商务的诚信，打击假货，保护知识产权，我们绝不会退后半步。

但是我们对自己工作上面的不足、方式方法，我们进行全面的反思、总结。有人说是妥协，原则我们决不妥协，我们不可能妥协。因为今天淘宝不跨过诚信这个挑战，不跨过品质的挑战，那么未来三五年都会出问题。

我不是一个轻易放弃的人，我蛮相信，只要没搞死我，我会越战越强。今天我不是马云，马云只是代表这一代的人，新的企业家、新的创业的人，我们倡导的一种新的精神。

我的难过在于假如我们丢失了对社会的信任，丢失了我们理想主义的色彩，像我这样的人丢失的话，阿里巴巴很多年轻人会丢失，这个社会会丢失。

这是一个最好的时代，这也是最坏的时代，这是一个信仰时代，也是怀疑的时代，这是狄更斯讲的，智慧的时代，也是愚昧的时代，是希望的时代，也是一个绝望的时代。所以我相信阿里人、淘宝人，坚守。从第一天起，我们今天那么努力，就是为了这个希望而存在。

当年淘宝成立三四个月之后，金庸到淘宝来，写了一句话，现在还贴在淘宝的办公室里面，“宁可淘不到宝，也不能丢诚信”。

我是一个理想主义色彩很重的人，我不适合做商务，我还是站在老师的角度在做的。我相信人性是向善的。其实我最难过的是，我一直认为坚守人性，是善的东西变成了恶，到今天我还是坚信人性是向善的，我还是坚信，诚信是有价值的，是可以变成钱的。

——摘自《2012年3月马云关于诚信问题的讲话》

马云在行动

电子商务进行到一定阶段，就会遇到一座门槛，那就是社会诚信体系。电子商务是在虚拟的网络平台中进行的，如果没有诚信，最后就做不成生意。在马云的眼里，互联网商务世界与现实的商务世界是一样的，唯一不同的只有工具，无论在网上还是网下，商务交易都必须可信。

诚信是中国优秀的传统品德，是中国商人最崇尚的道德信条，也是他们得以发迹和发展的基础。但这种大智慧不是靠说出来的，而是需要实实在在的言出必行来支撑，它体现在点点滴滴的细节里，必须依靠着实际的行动才能体现。

马云认为做企业就是要坚守诚信，并实实在在做好它。他曾说："诚信绝对不是一种销售，更不是一种高深空洞的理念，它是实实在在的言出必行、点点滴滴的细节。"因为企业诚信的建立是一个漫长的过程，诚信建立起来后需要进行维护，并建立相应的企业制度予以保障和控制。

有些人习惯性地把诚信挂在嘴边上，在销售时总是轻易向买家保证，而真的出了问题，又矢口否认，找各种理由搪塞。马云认为诚信绝不是一种销售，一定要说得出、做得到。

在阿里巴巴"六脉神剑"中，诚信这条包括诚实正直、言出必行，具体内容为：诚实正直、言行一致，不受利益和压力的影响；通过正确的渠道和流程，准确表达自己的观点；表达批评意见的同时能提出相应建议，直言有讳；不传播未经证实的消息，不背后不负责任地议论事和人，并能正面引导；勇于承认错误，敢于承担责任；客观反映问题，对损害公司利益的不诚信行为严厉制止；能持续一贯地执行以上标准。

很多企业在成长过程中都受骗过，也有一些企业自己被骗后受到"启发"，接着想办法骗别人。马云也曾被骗，可是这几次受骗的经历反而更坚定了他的信念。因为他相信，骗别人的人一定有一天会倒霉。

任何一个行业或企业都要讲信用，不讲信用，就不能开展商业活动。不讲信用的企业无法在全球商务领域中立足并参与竞争，从而将错过无数商机。"商业社会是很复杂的社会，因为诚信说起来简单，但是我们可能不知道怎么做，就是一点点往前做，越简单的事情越需要讲诚信"。只有树立良好的诚信观才能在竞争中取得胜利。

赢在执行

无疑，诚信是阿里巴巴的一个品牌。美国管理学者华德士提出："21世纪的工作生存法则就是建立个人品牌。"他认为，不只是企业、产品需要建立品牌，个人也需要在职场中建立个人品牌。用创新之盾树立职场中的常青品牌，是每一个职业人都应有的职业追求，同时也是立身之本。

要在工作中树立品牌，就必须比别人付出更多，比别人更讲信用，比别人更忠诚。品牌不是吹出来的，虽然吹嘘可以在短时间内迷惑一些人，并捞得一些好处，但时间一长，必然原形毕露。

在竞争如此激烈的市场环境中，一个人不可能永远属于一个公司、一个职位，很多变化是我们无法控制的，我们唯一能够控制和把握的就是自己的实力和口碑。

事实上，不只是企业、产品需要建立品牌，个人品牌同样是一个人才宝贵的无形资产，其价值甚至高于人才的有形资产，是无法估量的。

著名管理专家宋新宇博士介绍说，个人品牌就是个人在工作中显示出独特的价值。它就像企业品牌、产品品牌一样，要有知名度，更要有忠诚度。具体而言，个人品牌有几个特征：

（1）个人品牌最基本特征是质量保障。这一点跟产品品牌一样，体现在两方面：一方面是个人业务技能上的高质量；另一方面是人品质量。也就是说，既要有才，更要有德。一个人仅仅工作能力强，而道德水平不高，是建立不起来个人品牌的。

（2）个人品牌讲究持久性和可靠性。建立了个人品牌，就说明你的做事态度和工作能力是有保证的，也一定会为企业创造较大的价值。企业使用这样的人是可以信任和放心的。

（3）品牌形成是一个慢慢培养和积累的过程。任何产品或企业的品牌不是自封的，而要经过各方检验、认可才能形成。对个人品牌而言，也不是自封的，而是被大家所公认的。

（4）个人一旦形成品牌后，他跟职场的关系就会发生根本性变化。像一个企业一样，如果有了品牌，它做任何事就会相对容易一些。同样对个人来讲，一旦建立了品牌，工作就会事半功倍。

以忘我的精神做事

李嘉诚讲过一句话，跟大家分享：建立自我，追求忘我。

王安石当年变法，所有人骂他，但今天看来对北宋是有利的。对于阿里巴巴的任何想法，要50年以后看、80年以后看，只有这样才能看得远一点。

彭蕾给我推荐一本书《政界往事》，北宋为什么昌盛，分析很有道理。陈桥兵变，赵匡胤黄袍加身，他做了一个政策，文官当将军，领导军队的全是文官，文官当政之后，文化兴旺，结果国力最差，金国、辽国轮番来打。没有对错之分，就怕公司一会儿东、一会儿西，一会儿上、一会儿下。拥抱变化有一个主旋律，使命感不能变、价值观不能变，这些不能变形。所以说是建立自我，但是追求忘我。

在做任何事情之前，大家都看到，只有忘我，才能追求自我。我的今天，我觉得这8个字，我好像还可以：建立自我，反正别人说我好也好、坏也好，就是这么一个人；追求忘我，别人不管骂我、表扬我，我觉得阿里巴巴这个名字属于阿里巴巴，不属于我。

——摘自《2007年8月湖畔学院讲话》

马云在行动

马云在向李嘉诚讨教成功之道时，李嘉诚跟马云一行说了这样一段话：一个成功的人应该是一生都在追求“建立自我，追求忘我”的境界。“建立自我”就是在任何情况下，都要坚持自己，做真实的自己，做自己喜欢的事，肯定自我，决不动摇，对自己始终充满信心。然后，在追求自己理想的过程中做到忘我的境地，要真正完全地将自己奉献出去，这样你的价值才会真正体现出来。

马云非常认可这8个字，在他看来，一个人想真正成功，就应该以忘我的精神，建立自我的一种原则。把自己看轻，把利看轻，把“私”字看轻。

《赢在中国》第一赛季晋级赛第三场，马云在点评参赛选手陈洁的时候，再次重申了这8个字的内涵：“重要的不是这场比赛的赢，而是未来的赢。从直觉上来讲，我最信任你，作为投资者，我愿意把钱给你。你明白自己要什么，比较实在，我觉得投资者都需要实在，但是对于你的商业模式，我们确实没有听得太清楚。最后给你一些建议：建立自我，追求忘我。你有自己的个性，你必须忘掉自己，上一个公司是因为什么原因让你离开？可能是利益。创业过程中一定要把自己的利益抛开。”

1984年马云几番辛苦考入杭州师范学院（现杭州师范大学）外语系——是专科分数，离本科差5分，但本科没招满人，马云幸运地上了本科。大学毕业后，马云在杭州电子工业学院教英语。1991年，马云和朋友成立海博翻译社（HOPE，“希望”的中文译音），翻译社一个月的利润200块钱，但房租就得700块。

大家动摇的时候，马云一个人背着个大麻袋去义乌，卖小礼品，卖鲜花，卖书，卖衣服，卖手电筒。“喏，看见那个大狼陶狗吗？当年我就卖过它”，记者采访马云时，他兴奋地指着一个卖小玩意儿的人说道。

那两年马云就干成了这件傻事，不仅养活了翻译社，组织了杭州第一个英语角，而且他是全院课程最多的老师。如今，海博是杭州最大的翻译社。“我当时认为一定会有需求，应该能成功”。

“建立自我”就是在任何情况下，都要坚持自己，做一个真实的自己，做自己喜欢的事，肯定自我，决不动摇，对自己始终充满信心。然后，在追求自己理想的过程中要做到忘我的境地，要真正完全地将自己奉献出去，如此你的价值才会真正体现出来。

无论在马云创业的哪个阶段，他都抛开利益，建立自我，追求忘我，才取得了今天的成功，创业如此，守业更如此。

赢在执行

“建立自我，追求忘我”是一种境界，需要在活着的全部岁月里用真心和真情去感受、去实践。

英特尔前总裁安迪·葛洛夫应邀对加州大学伯克利分校毕业生发表演讲的时候，提出以下的建议：“不管你在哪里工作，都别把自己当成员工——应该把公司看作自己开的一样。”把自己当成老板，多一份担当，少一份自我，你会拥有不一样的人生。

珍妮是一家外贸企业的普通职员，负责递交文件、打扫环境卫生、清理垃圾等杂务。工作琐碎且辛苦，不过她总是尽心尽力，没有怨言。

珍妮连续五年上班全勤，无论刮风下雨从未迟到早退，而且乐于助人，年年当选优秀员工。她自愿放弃每两周一次的周六休假，也从未填报加班费。珍妮经过的企业角落，你不会看到不该亮的灯、滴水的水龙头，或是地上的纸屑。

珍妮还是企业环境的维护者。清理垃圾时她坚持实施垃圾分类，印坏的纸张或是一些背面空白的废纸，她都裁成小张分给同事做便条纸，其他废纸只要是可以回收的，就一一摊平后与废纸箱一并捆绑卖掉，得到的钱捐给工会。

她赢得了同事们由衷的敬佩，尤其当拥有高学位的员工抱怨工作不顺时，看到她每天很认真地做事时，也就无话可说了。两年后，珍妮靠着把自己当作企业“主人”或“合伙人”的责任感，在那些学士、硕士们羡慕的目光中被破格提升为总务主任，进入企业中层主管的行列。

珍妮将自己视为公司的合伙人，在这种心态下，她尽职尽责出色地完成自己的工作。她的主人翁心态，将工作当成事业来做，从而才能走上企业的管理岗位。

有人曾说过，一个人应该永远同时从事两件工作：一件是目前所从事的工作；另一件则是真正想做的工作。如果你能将该做的工作做得和想做的工作一样认真，那么你一定会成功，因为你在为未来做准备，你正在学习一些足以超越目前职位，甚至成为老板或老板的老板的技巧。当时机成熟，你已准备就绪了。

如果你是老板，一定会希望员工能和自己一样，将公司当成自己的事业，更加努力，更加勤奋，更积极主动。那么在工作中，如何“像老板一样思考”呢？这需要我们对自己的行为准则有更深刻的认识。请思考如下问题：

如果我是老板，会怎样对待态度恶劣、无理取闹的客户？

如果我是老板，目前这个项目是不是需要先优化一下，再做是否投资的决定？

如果我是老板，面对公司中无谓的浪费，是不是应该立即采取必要的措施加以制止？

如果我是老板，是不是应当保证自己的言行举止符合公司的要求，代表公司的利益，以免对公司产生不良的影响？

……

我们无法在此一一列举出老板应该思考的所有问题，但是毫无疑问，当你以老板的角度思考问题时，应该对你的工作态度、工作方式以及工作成果提出更高的要求，只要你深入思考、积极行动，那么，你所获得的评价一定也会提高，你很快就会脱颖而出。

信任，让执行更简单

是什么东西让我们有了今天，是什么让马云有了今天，我是没有理

由成功的，阿里没有理由成功，淘宝更没有理由成功，但是我们今天居然走了这么多年，依然对未来充满理想，其实我在想是一种信任。

当所有人不相信这个世界，所有人不相信未来的时候，我们选择了相信，我们选择了信任，我们选择十年以后的中国会更好，我们选择相信，我同事会做得比我更好，我相信中国的年轻人会做得比我们更好。

二十年以前也好，十年以前也好，我从没想过，我连自己都不一定相信自己，我特别感谢我的同事信任我。当CEO很难，但是当CEO员工更难。但现在，居然你会从一个你都没听见过的、名字叫“闻香识女人”的人这里，付钱给她，买一个你从来没有见过的东西，经过上千上百公里，通过一个你不认识的人到了你手上。

今天的中国拥有信任，拥有相信，每天2400万笔淘宝的交易，意味着在中国有2400万个信任在流转着。所有的阿里人，淘宝、小微金服的人，我特别为大家骄傲，今生跟大家做同事，下辈子我们还是同事。

因为你们，让这个时代看到了希望，在座你们就像中国所有80后、90后那样，你们在建立着新的信任，这种信任就让世界更开放、更透明、更懂得分享、更承担责任，我为你们感到骄傲。

——摘自《马云：2013年5月辞去阿里巴巴CEO演讲》

马云在行动

马云是一个重视信任、坚守承诺的人，他曾经为了一个承诺在大学教书六年。那六年中，很多人跳槽了，有下海经商的，也有出国的，而面对深圳、海南等地几千元月薪的诱惑，马云从未动摇过。虽然他一开始并不喜欢教师这个职业，觉得这不应该是男人从事的工作，也想过是否有什么办法以后不用再当教师。可是，在这六年教师生涯中，马云对待工作没有半点马虎，不仅被评为全校“十佳”之一，还被提前升为讲师。这是马云的诚信。

诚信是阿里巴巴的“天条”，这其中也包括尊重他人的知识产权。对于在阿里巴巴出售盗版光碟、假冒名牌等产品的会员，马云表示，公司会以更严厉的手段制裁他们。马云相信，只有诚信的人才能成功。

在阿里巴巴集团走过的十多年里，因为信用，因为诚信，马云才先后成功打造了中国最大的B2B平台阿里巴巴、C2C平台淘宝和B2C平台，让网上购物成为人们生活的一部分。现在，“信用”已渐渐成为一种财富，所有这一切都是建立在诚信基础之上的。

在2013年5月10日，马云卸任阿里巴巴CEO的演讲中，深深感慨阿里巴巴的成功在于信任。这一点很容易理解，信任原本就是今天的阿里巴巴繁荣的基石，甚至可以说是中国电子商务走到今天最重要的原因之一。

马云曾说，假如阿里巴巴有一天由于经营失败或天灾人祸倒下，只要他有客户、股东和员工的信任，他随时可以拿到钱，从头再来。上千万的中小创业者和企业家们也会依然使用他的网站，这就是信任的力量。对于马云和阿里巴巴而言，信任自己一手打造的团队并不难，难的是怎么赢得客户和合作者的信任。这是马云在卸任前最为重视和担忧的。

在2013年4月一次关于知识产权的发布会上，也是马云卸任前最后一场发布会，主题是“网络打假”，马云强调离职前不做好这件事后果是难以想象的，他要求对“网络打假”资金投入要上不封顶、不遗余力，由此，我们可以看出马云及阿里巴巴集团将赢得用户的信任放在极端重要的位置。

现在，淘宝网上每天有多达2400万笔交易，这意味着每天有2400万个信任在流转、传递着。马云卸任后，这种信任交到了陆兆禧手中，陆兆禧表示新的团队同样要做的就是传承好这种信任精神，努力打造出一个充满更多信任、更为完善的电子商务良性生态系统。

赢在执行

信任的力量对阿里巴巴和中国的电子商务适用，对任何一家企业也同样适用。在未来的商业社会里，将没有大企业和小企业的区别，没有外资和内资的区别，没有国企和民企的区别，只有诚信和不诚信的区别，只有开放和不开放的区别，只有承担责任和不承担责任的区别。

戴尔公司的一个售后服务工程师受公司的派遣，要以最快的速度赶到某顾客住处，为顾客提供上门服务。这名工程师接到通知后即以最快的速度驱车赶往目的地。

由于戴尔公司历来有当日上门服务的品牌服务承诺，这位工程师必须在日落前赶到顾客所在地，他便再次提高了车速。

这时，一个路人突然横穿马路，工程师来不及采取制动措施，一下子将路人撞倒在地。工程师下车察看，发现路人的腿已经被撞断了，工程师想马上送他去医院，但是明显时间来不及了，那肯定会耽误为顾客服务的时间，会影响戴尔公司的卓越信誉。

工程师略加思考后，随即将路人暂时移到路旁，确认其暂无危险，然后打电话报了警，并将自己的姓名以及车牌号码告诉警察，声称自己会在最快时间里赶到警局接受处理。

然后，工程师继续向顾客处赶去，直到完成任务才赶回警局支付了伤者的医疗费，接受了相关的罚款处理。这名工程师事后被戴尔公司授予最佳员工称号，并给予了现金奖励，据说远远超过他支付的伤者医疗费和罚款的费用。

而事件一经宣传后，戴尔公司的商业信誉在公众当中立即被拔高到一个新的高度，其销量也立即呈现上升势头。人们无不为戴尔公司有如此优秀的员工而称赞，为戴尔公司员工坚持维护戴尔公司品牌信誉，为顾客兑现品牌诚信的精神所折服。

戴尔用诚信开路，树立了自己的诚信品牌，通过诚信达到关系营销的效果，通过关系营销达到销售产品的最终目标。诚信，是提升公司核心竞争力的前提，兑现对每一个顾客的承诺，无形中便会形成最终的品牌效应，达到少投资、多收益的效果，须知，赢得顾客的心就赢得了市场。

心怀感恩，不忘使命

整个网站这几年走下来，我感谢大家。没有诚信通，就没有今天的阿里巴巴中文站点。感谢所有为诚信通这个产品，所有为诚信通这个网站服务做出贡献的人。我可以这么讲，没有阿里巴巴B2B、中国供应商、诚信通，就没有淘宝、支付宝，没有阿里软件，更不可能收购雅虎中国。

但是如果说我们不走出自己的圈子，一味以销售为驱动，而不是以使命感为驱动，不帮助别人成长，不帮助别人创造价值，我们越往前走就会越担心。所以，希望我们在座的每一个人高度认同，谁是我们客户，我们帮他们什么。

——摘自《马云：2007年6月CCBU动员大会演讲》

马云在行动

2001年年末，B2C网站My8848轰然倒塌，直接将网络信用推向崩溃的边缘，这是中国的网络环境变得非常浮躁的一个缩影。当时许多网络公司纷纷从免费网络服务向收费服务转型，单方面撕毁了之前承诺的免费协议，网络信用岌岌可危，中国电子商务在发展初期就遭遇了诚信危机。

另外，由于各电子商务公司降低门槛和扩大规模，难免鱼龙混杂，平台上各类客户的品质和规模肯定良莠不齐，甚至有些企业会浑水摸鱼，以次充好，影响整个虚拟市场的大环境。因此，诚信问题被推到台前，成为马云和阿里巴巴不得不马上解决的难题。

阿里巴巴就在这样的环境下，开始重塑网络信用。马云认为，在B2B领域，最终决定胜负的不是资金或技术，而是诚信。国内在线支付系统的不发达、邮政网络的滞后、诚信环境的缺位，使得安全支付成为电子商务发展的一大瓶颈。如果诚信体系不建设好，电子商务信息流就会变得毫不值钱。

马云显然十分善于发现问题并寻求解决问题的方法。2002年3月，他力排众议，和信用管理公司合作，启动了“诚信通”计划。这样，一双紧握在一起的蓝色小手的标志，出现在阿里巴巴中文网站部分会员的商铺页面上，它有一个响亮的名字：诚信通。

该计划主要通过第三方认证、证书及荣誉、阿里巴巴活动记录、资信参考人、会员评价5个方面，审核申请“诚信通”服务的商家的诚信。“诚信通”虽然只是一个软件，但它承载着诚信的记录和评价。该计划实施的结果显示，诚信通的会员成交率从47%提高到72%，这是用传统手段，而非技术手段解决网络商家之间的信任问题。

对确保诚信通体系的可靠，阿里巴巴对申请成为诚信通会员的客户有严格的审核程序。企业的资料，除了它的资质，还包括它提供的别人对它的评价和其他会员对它的负面评价，阿里巴巴都会在网上公开，而且不会删除，一个诚信通客户想要了解另一客户是很简单的事。如此一来，所有的客户不管愿意还是不愿意，都必须为自己的诚信埋单。

做企业如同做人，声誉和诚信对企业的发展同样重要。因此，马云十分重视电子商务平台内的企业是否诚信经营，通过推出“中国供应商”，推行“诚信通”计划，打造了中国企业的诚信，同时也树立了阿里巴巴的诚信。

赢在执行

在现实生活中，有些人抱怨自己的工作得不到他人的重视，或者工作是多么的琐碎，多么的微不足道，无法给自己带来金钱，更无法实现自己所谓的人生价值。

实际上，这世上没有卑微的工作。所有正当合法的工作，都是值得尊敬的。只要你诚实地劳动和创造，没有人能够贬低你的价值。古罗马斯多葛派哲学家们曾经说过：没有卑微的工作，只有卑微的工作态度。如果一个人轻视他自己的工作，那么他就会将自己的工作做得一团糟。如果一个人认为他的工作辛苦、烦闷，那么他也绝不会做好工作，在这一工作岗位上也无法发挥他内在的特长。其实任何一种工作都有它存在的价值，工作没有高低贵贱之分，最重要的是我们能否保持一颗感恩的心。

即使是擦鞋的工作，也有人把它当作艺术来做，全身心地投入进去。看一个人是否能做好事情，只要看他对待工作的态度。

工作好比是在栽种一棵苹果树，我们每天为它剪枝、修叶、浇水，等到了秋天，望着被果实压弯的枝条，我们在品尝着酸甜的苹果时，应当去感恩那棵树，而非去感恩我们的辛劳，因为是树给了我们收获果实的机会，如果没有了苹果树，那么我们想去浇水也无处可浇了，谈何去吃什么苹果。

职业从来不能决定一个人的表现，反倒是工作表现，最终会决定一个人在生活中的地位。热爱你的工作吧，世界上没有卑微的工作，只有卑微的工作态度。

每天抽出一点时间，为自己目前所拥有的一切而感恩，为自己的工作而感恩。感恩是情感的自然流露，它会增强你的个人魅力，让你拥有神奇的力量，使你在人群中出类拔萃。当然，你要做的并不仅仅是感恩，你应该发挥出自己全部的潜能，把工作做得更出色。

诚信通天下

我们第二步，是如何让那些诚信的网商富起来，邓小平说让部分人先富起来，我们希望是让诚信的网商富起来。

阿里巴巴希望让信用等于财富。几年前也是在网商大会上，我们说我们呼吁银行全力支持中小企业，但是银行有自己的难处，谁没有难处，所有人都有自己的难处，它们的模式很难让它们真正地服务好网商、服务好中小企业。

所以，阿里准备在这里全面挺进，不是因为我们想挣更多的钱，而是我们觉得在这个时代，我们需要用互联网的思想和互联网的技术，去支撑整个社会未来金融体系的重建。

在这个金融体系里面，我们不需要抵押，我们需要信用，我们不需要关系，我们需要信用，我们不需要你挣多少钱，我们需要你踏踏实实地为客户服务。

两年的试验告诉我们，我们近几百名员工，完成了给15万家企业贷款，平均每家企业贷到的款是4.7万人民币，这只是刚刚开始，我们将用最好的技术评价信用，让在座以及无数网商群体们能得到金融服务。

因为你们是中国的希望和未来，对未来的希望，我们做出的只有努力和帮助，当然帮助大家也是帮助我们，我们不希望亏本，我们也不会亏本，不赚钱是不道德的。

——摘自《马云：2012年网商大会演讲》

马云在行动

对阿里巴巴来说，诚信是可以变成钱的，一个企业最重要的品质、最大的财富，就是诚信。2004年，阿里巴巴顺利融资8000多万美元以后，马云就已经觉察到：阿里巴巴的当务之急是建立和健全诚信体系。他有一个口号，“只有诚信的商人能够富起来”。

2012年9月的第十届网商大会上，马云在演讲中说：“这个世界是一个信任危机的时代，谁都不相信谁，这也是一个价值、诚信底线挑战的时代，谁都开始想办法，能骗一把就骗一把，能捞一票就捞一票，能做一点就做一点。在微博上面，我相信对人类的欣赏，对善良的欣赏远远少于对别人的指责，我们都学会指责别人，都学会抱怨，这是个最坏的时代，这没办法，假的、荒诞的、越编造得厉害的东西，传得越快，所以这是一个不好的时代。

“但我也相信，这是一个最好的时代，在这个时代里面，我看见了网商的力量，看见80后、90后的力量，人与人之间都没见过面，但光我们这个市场，就可以卖出一万亿，每天凭信用成交1500万笔，这是这个时代拥有的信任的力量，以前没有的。我看到另外信任的力量，70%的网商愿意无偿退回所有不好的产品，这也是信任的力量。”

马云说过这样一段话：“很多人说信用可不可以变成钱，确实信用它不是钱，但它比钱更为珍贵。信用在商业里面，就像爱情在婚姻里面是一样的，没有爱情的婚姻是走不长久的，而且爱情是不能用钱去买的。”

在马云看来，网商是新经济这个时代的第一批移民。在这个土壤上面，诚信、开放、透明、分享要成为大家信奉的价值体系，假如不能在心里把“信用越好＝财富越好”这个等式树立起来，商业社会永远会是欺诈盛行。

马云说，近两年，已有15万家企业凭借信用记录从阿里获得贷款，平均每家企业贷到的款是4.7万人民币，而这仅仅是开始。未来阿里将用最好的技术、评价信用帮助诚信的网商群体。

让信用等于财富，就意味着在淘宝上面，每一个好评，每一个差评，对一个卖家来说多么重要，这样，淘宝的信用体系才能逐渐建立。因为只有这样，网商才能成为中国真正进步积极的力量。

赢在执行

桂小欢是安徽桐城一家布轮作坊的老板，他所生产的布轮是给鞋底打光用的一种专业用品，每个售价在30～80元，一般一年一结账。这次货物送完后，桂小欢的20多家温州客户给他打了13.1万元的欠条。这是桂小欢全家辛苦一年多卖出的产品总额。

2002年10月底的一天，卖完货的桂小欢从温州乘夜班长途车回安徽老家，为的是抓紧再生产一些布轮发往温州。作为一个小生意人，卖出13万余元的货是一件很不容易的事，谁知，桂小欢的包在回家的车上丢了，里面装着客户们打下的36张欠条，那意味着桂小欢辛苦一年的13万元钱没有了。桂小欢疯了似的找，但还是没有找到。得知这一消息的老伴一下子瘫在了床上，半天都没反应过来。

没有了欠条空口无凭，那些温州老板会相信自己一个外地小商人的解释吗？桂小欢感到有些绝望，但不去要账，也就意味着自己血本无归了。这时的桂小欢想：反正“死马当活马医”吧，再回温州一趟，碰碰运气，要回多少算多少。于是桂小欢硬着头皮去了温州，一家一家上门重新补开欠条。

桂小欢第一个去的是较为正规的泰马鞋厂，经理陈海永知道情况后说：“欠条丢了？多少货没结账？谁收了货就叫谁补个条吧。”桂小欢没想到“要债”居然这么轻松，心里一阵狂喜，马上就去财务室补了条，领了钱。

桂小欢趁热打铁，紧接着又一口气跑了四家大型鞋厂。这些厂子因为都有存底或电脑记录，不费一点周折，或给他补了欠条或付现款。一上午，桂小欢就收回了3万多元钱的损失，脸上笑开了花，可随即又愁成了苦瓜：因为有相当一部分欠条是一些小厂开的，那些小厂的欠条是随手开的，不像大厂那样有存底，更谈不上什么电脑记录，他们会不会不认账呢？

桂小欢下午开始拜访那些较小规模的工厂，第一家是个女老板的鞋厂，女老板知道他的来意后说：“条丢了就丢了呗。只要货送来了，我们承认就是，但我记不清具体金额是多少啊！”

桂小欢心里一阵凉，但又怕一旦闹僵了，她一分钱不认自己也没法，只好小心翼翼地说：“老板娘，你说是多少就是多少吧。”女老板说：“哎，你话不能这么说，我们都靠做生意赚钱，都要讲求个诚信。别以为你的欠条丢了我就赖你的账，不可能的。”后来女老板在桂小欢的提示下想起了金额，痛痛快快地将钱付给了他。

信用是什么？信用就是金钱。正如李嘉诚所说：“一个企业的开始意味着一个良好信誉的开始。有了信誉，自然就会有财路，这是必须具备的商业道德。就像做人一样，忠诚，有气节，对自己所说出的每一句话，做出的每一个承诺，一定要牢牢记在心里，并且一定要能够做得到。”一个诚信的人，一定会得到丰厚的回报，因为他得到了义，即得到了人心，得人心者得天下，得人心者也能得到天下的财富。

第三篇

开辟智慧，变通执行

——构建优势特质，获得完美结果

对于企业而言，要生存，要发展，就要根据时代发展的趋势和变化做出相应的行为。美国前总统艾森豪威尔说：“任何语言都是苍白的，你唯一需要的就是执行。”所以，企业的执行千万不要流于形式，要“用手”，更要“用心”。

第七章
找准方向，大胆尝试

执行力是企业走向成功的必备能力之一，更是一种思维方式、行为习惯和企业生存态度。对于企业来说，要想在市场中站稳脚跟，要想在竞争中占有自己的领地，最重要的不是有多么远大的目标，而是向着企业的目标立即行动起来。这种“行动起来”就是执行的能力。

做最正确的事

大家要做正确的事，还有正确地做事，这是两个含义。首先要选择正确的方向，如果你方向选错了，你做得越对，死得越快，所以我觉得我比较幸运，阿里巴巴选择了一个正确的方向——电子商务这个方向。

我觉得很多人都在讲第一桶金，我想给在座所有网商群体讲，网商群体一定要成为，也一定能成为世界上最诚信的商帮。为什么？我们没有办法线下见面，所有东西都靠诚信一点一滴建立起来，如果我没见过你，如果我要做生意，从几百万到上千万，必须一点点做起来。

网商逐渐长大，最重要的是诚信，所以要做最正确的事情，网络大力投入诚信建设，做的过程当中不要寄希望一夜之间暴富。大家现在觉得阿里巴巴很有钱，马云你肯定很有钱，你别给我忽悠，我像你这样，我也正确地做事情了，我没有你那一桶金，所以我要先搞一桶金，搞了第一桶金自然会诚信的，不是这样的。

——摘自：《马云：2007年第四届网商大会演讲》

马云在行动

有人询问马云有关阿里巴巴应对危机的策略时，马云说道："首先是不是做了正确的事，其次是不是正确地做事。"如果首先做正确的事，方向对了，即使走得慢一点也能一步步地靠近成功。做正确的事，就是朝着目的地直线行走，而不是在错误的方向上一路狂奔。

做正确的事，再正确地做事，这是马云的一贯作风。他这样说过：一个正确的制订战略的过程，首先要做正确的事，再是正确地做事。你做正确的事，就可以事半功倍，如果你做的事是错误的，后边做得越正确，死得越快。

试想，在一个生产型企业里，员工在生产车间，按照质量标准的要求生产产品，如果产品质量、操作行为都达到规定的标准，说明员工是在正确地做事。但是如果这个产品在设计上本身就存在很大缺陷，根本无法投放到市场上，或者它根本就没有买主，没有用户，那么，这就不是在做正确的事。在这种情况下，无论员工做事的方式方法多么正确，其结果都等于零。

在马云看来，方向比距离更重要，不走弯路，就是捷径。首先做正确的事，然后正确地做事，这不仅仅是一个重要的工作方法，更是一种很重要的工作理念。任何时候，对于任何人或者组织而言，"做正确的事"都远比"正确地做事"重要。

赢在执行

管理大师彼得·德鲁克曾在《有效的主管》一书中指出，效率是指以正确的方式做事，而效能强调的则是做正确的事。效率和效能二者都不可偏废，但这也并不意味着它们具有同样的重要性。我们当然希望同时提高效率和效能，但在效率与效能无法兼得时，我们首先应立足于效能，然后去设法提高效率。

在这里，彼得·德鲁克提出了两个概念——效率和效能，分别对应的是正确地做事和做正确的事。在现实生活中，人们关注的重点往往都在于前者——效率和正确做事，但实际上，最重要的却是效能而非效率，也就是做正确的事而非正确做事。正如彼得·德鲁克所说："对企业而言，不可缺少的是效能，而非效率。"

"正确地做事"与"做正确的事"有着本质的区别。"正确地做事"应该是以"做正确的事"为前提的，如若不然，那么"正确地做事"将变得毫无意义。即使将事情做得再正确，也是没有任何实际效能的。所以，首先，要保证去做"正确的事"，然后才存在"正确地做事"的问题。做正确的事就好比射击前的瞄准，正确地做事就是瞄准后再射击。没有瞄准的射击是没有意义的。

例如，在一个糖果商店中，店里明明有许多营业员空闲，顾客却宁愿挤在同一个柜台前买糖，难道是其他营业员不热情或者短斤缺两？

原来，受顾客一致欢迎的那个营业员每一次抓糖果的时候，第一次一般都不会超过顾客所要的分量，然后，当着顾客的面一点一点地加进去，直到分量足够为止。

顾客看到的是不停地加糖，心里觉得很满意，当然也就愿意光顾这个营业员的柜台了。而其他的营业员往往是第一次抓很多的糖果，然后再不停地减少，顾客们心里当然就不舒服了。

由此可见，同样是卖糖果，同样的分量，因为方法不同，结果迥异。以正确的方法做事，才能一步步抵近完美，迈向巅峰。

战略布局，提前执行

三十年以前我们谁都没想到今天会这样，谁都没想到中国会成为制造业大国，谁都没想到电脑会深入人心，谁都没想到互联网在中国发展得那么好，谁都没有想到淘宝会起来，谁都没想到netscap会倒下，谁都没想到雅虎会有今天。我们谁都没想到我们今天可以聚在这里，可以继续畅想未来，我跟大家都认为电脑够快，互联网还要快，很多人还没搞清楚什么是PC互联网，移动互联来了，我们还没搞清楚移动互联的时候，大数据时代又来了。

——摘自《马云：2013年5月辞去阿里巴巴CEO演讲》

马云在行动

在阿里巴巴集团“淘宝十周年”大型晚会上，马云在演讲开始前，正式确认了他最后一单大生意，以2.94亿美元购买高德软件公司28%的股份，成为高德地图绝对控股方。阿里巴巴还通过其全资子公司，以5.86亿美元购入新浪微博约18%的股份。在中国互联网史上，马云这两笔生意，不经意间都创造了历史。

2013年4月29日，新浪旗下子公司新浪微博与阿里巴巴集团旗下子公司达成战略合作协议，这项高达35亿元的投资，是中国互联网历史上最大规模的资本交易。并购高德，则是中国网络地图市场上最大的一宗收购案。

作为中国最大的电商平台，马云的一举一动，都被看成是行业的战略风向标。联系新浪、阿里巴巴、高德之间复杂关系的这两项大手笔生意，对业内外都产生了不小的冲击。

首先是阿里巴巴和新浪的联姻，不少资深业界人士直呼“想不到”，

“看不懂”。微博上流传一张所谓内涵照片，一时间被无数人转发了：黄晓明、王刚等明星在用手机欢乐地刷着微博，一旁的马云露出某种类似“睥睨”的眼光。要知道，马云是2011年公开宣布退出新浪微博的最著名的公众人士。在VIE风波中，新浪微博堪称是阿里负面消息的最大来源平台，卫哲因此不得不辞职。竞争对手对淘宝的攻击，一度让马云有些手足无措，一年后马云说：“我当时很生气。自从那以后，我就退出了微博。”

在外界的狐疑声中，“阿里浪”的时代最终来临，马云则坦然地对外界解释说：“如果把微博拿来做电子商务，那我会被网民骂死，也会被时代骂死。”

之后在业界，才形成了有“马后炮”嫌疑的四种观点：“反制以美丽说、蘑菇街为代表的导购网站；阿里巴巴与新浪携手，互补短板，共抗腾讯；马云是在为淘宝社区化铺路；推出‘支付宝+微博’的本地生活服务标配组合。”

马云作为阿里巴巴CEO的最后一夜，高德地图收购一案之后，人们才重新发现阿里布局移动互联网的野心：这一年，阿里巴巴先后注资UC浏览器、美团、陌陌、丁丁优惠、在路上、快的打车、墨迹天气和高德地图，从阿里一系列的资本运作中可以看出，所谓“生态化”数据、系统来支撑的生态体系，可能正在长出新的“物种”——要根据互联网的变化，创新阿里巴巴的业务。

阿里的邵晓峰曾向王坚表述过马云所期望的阿里巴巴帝国管理模式：“我们一直要寻求一个新的管理模式，不是金字塔式的，可能是扁平化的，甚至最高管理者长时间离开，公司内部的自循环、自沟通、自决策能力会变得非常完善。”

不管外界舆论怎么看待马云的资本运作，对于4万名不远千里赶赴马云“退位”盛宴的听众们，乃至数百万阿里巴巴用户和数亿消费者来说，阿里巴巴的这种变化对每个人都是一个机会，人们需要做的正是抓住这个机会。

而这也许才是马云离任前最真实的想法。这不是一个马云式的战略布局，但也许是最马云式的战略构想。

赢在执行

在过去的十年里，以马云为代表的中国互联网企业家，也许是最懂得变化、创新、战略之间的关系的一代企业家。在技术挑战、社会制度、商业模式剧烈变化的端倪初现之时，能否把握机会从表面上看起来饱和的市场中找出一条可行的商业化路径，是这一代创业者成功的最普遍方式。

在变化和革新中实现统一，这是所有渴望成功、创造奇迹的企业家选择之关键。事实上，企业应对变化所做的战略调整，本身就是系统的、有目标的改变执行。这在如今，是一种战略意识的卓越体现，甚至某种程度上，是企业的最核心竞争力。能够从微小的调整中，看到未来发展的大视野，提前布局执行，才有可能在未来处于不败的地位。

“在中国市场的一线城市，我们的发货速度是当日达或次日达，这是一种创新，提升了客户体验”。在美国，一个订单3天送达，定时送货、当日达、次日达等变化是在中国研发出来，但是当亚马逊总部意识到这是IT时代的全新需求，它们很快就在全球推广使用。谷歌公司发现了亚马逊的这一转变，如今它们也开始办起次日达的谷歌快递。

谷歌公司认为，随着下一代技术的应用提速，更加人性化、回馈性较高的服务成为可能。如今，谷歌在美国的这种快递分拣干脆与安卓系统的谷歌地球应用合二为一。而等到谷歌宣布自己的这个新发明时，不少中国人竟然不知道，这其实是根源于中国的微小变革引发的副反应。

在谷歌文化中，跟进微小的改变而制造创意早已是公开的秘密。把微小变革看成是系统性战略的关键步骤，这是谷歌文化的核心。当越来越多的新变革开始导源于市场，更多的中国本土企业家应该大胆尝试，从变化和战略的角度，时刻把握新的方向，寻找新的契机。

在这当中，战略并购和风险投资是应对变化较为成功的一种方法。实际上，如今大部分的高科技大企业，都已经不再因循守旧，而是等待小企业大胆革新的苗头出现，待其商业化后，用并购的方式，将其整合到大企业的资源架构中，然后才利用规模优势，迅速占领市场。像马云在新浪和高德这种商业化雏形企业大快朵颐，正是战略性并购的大手笔运作。

事实证明，只有具备战略性的大视野，对微小变革保持敏感，才能应对未来的变化，让企业走得更远。

别人看不清的模式也许最好

看得清的模式不一定是最好的模式，看不出你怎么赚钱的模式说不定最好。因为我看见了这个东西，我太想做一样的东西。

很多年轻人是晚上想想千条路，早上起来走原路。中国人的创业，关键不是因为你有出色的想法、理想、梦想，而是你是不是愿意为此付出一切代价，全力以赴去做它，证明它是对的。

我认为好的东西往往是说不清楚的，说得清楚的往往不是好东西。成功的模式很难被复制，能被复制的都不是好东西，背后的汗水，背后的艰辛，背后的委屈，背后不断寻找这条路的精神是永远无法被复制的。一旦形成模式，这家企业基本上也就看到头了。

其实，最好最成功的往往是最简单的，要把简单的东西做好也不容易。阿里巴巴要像阿甘一样简单。

——摘自《马云〈赢在中国〉点评》

马云在行动

商业模式是企业的立命之本，对企业非常重要。任何一个企业和商业项目创立之初，最需要费工夫琢磨和研究的，就是商业模式。

麦当劳餐厅是全球的大型连锁快餐集团，在世界上大约拥有3万家分店，主要售卖汉堡包、薯条、炸鸡、汽水。在麦当劳，你看不到它有很多产品，也看不到很多促销活动，但是它打败了全世界的竞争者，依靠的是强大的品牌赢利模式！

当Dell还在大学读书的时候，IBM已经是蓝色巨人了，但是现在DELL电脑连续11年领跑全世界，它既没有突出的硬件技术，也没有庞大的研发能力，凭什么不断发展而且持续赢利？依靠的就是独特的全价值管理赢利模式！

一个企业如何实现可持续赢利？这是伴随着企业经济活动的一个永恒主题。企业管理者想要在挤满既有竞争者的荆棘丛中找到一条通幽的捷径，就必须考虑如何维系长期生存与赢利的能力。

企业管理者都非常重视盈利。“做大还是做强”“得终端者得天下”“让执行没有任何借口”“拥有一个知名品牌才是核心竞争力”这是很多企业经营者的关心点和挂在嘴巴上的口号；但在现实的市场上，到处充斥着价格战、促销战、人海战、广告战、模仿战等，而企业的经营结局往往是销量增加利润下降、新产品赢利周期越来越短、人员增加、费用加大、现金流越绷越紧、亏损面不断加大。面对这种状况，一家企业如果没有自己独特的商业模式，就不可能在市场上站稳脚跟。

选择正确的商业模式，对企业的发展来说异常重要。但是，并非任何商业模式都会对企业的发展具有促进作用，今天这个模式有用，并不代表着明天继续有用，所以企业管理者在为企业定位商业模式的类型时，要秉持不断创新的原则。

正如马云所说："今天阿里巴巴的模式不是我们未来的模式，不跟别人探讨模式，并不意味着我们没有模式，等我们跟你探讨模式的时候，我们这个模式已经成为昨天的事情。"

在这里，马云所倡导的就是商业模式的创新性。正是商业模式的不断推陈出新，造就了阿里巴巴一步一个脚印的发展。

企业商业模式的设计就是围绕着使企业形成核心竞争能力来展开的。具有独特的、拥有核心竞争力的商业模式肯定是一个能使客户实现价值、使企业赢利的商业模式，也一定是能使企业走向成功的商业模式。

赢在执行

1999年，丁磊将网易的大本营转移到北京，并忙着上市。2000年6月30日，丁磊如愿以偿，网易登陆纳斯达克。但此时资本市场形势已经发生了变化，与中华网登陆纳斯达克时的火爆情景截然不同的是，网易股票上市当天就跌破了发行价。

当时，很多人都在喊互联网冬天即将来临，很多人认为互联网泡沫已到了濒临全线崩盘的前夜，就连曾经疯狂向互联网公司投钱的投资者们也开始不相信单纯地炒作概念会给他们的钱包里带进真金白银。纳斯达克的股价在网易上市之前就已经开始全线下跌，网易赶在一个不好的时机上市。网易上市之后，为了支持门户的内容建设，公司不但没有赚钱，反而总是在亏钱。

当时门户网站的主要收入是网络广告，但单一的广告收入难以支撑庞大的门户支出。从2000年7月开始，随着全球互联网泡沫的破灭，纳斯达克指数从高峰时的5000点跌到了1500点，网易跌入冰冷的谷底，丁磊只能开源节流来维持现金流。在未来的形势变得明朗之前，他要做的最正确的事情是让公司活下来。

就在这急剧的行业调整变化中，富有远见的丁磊逐渐发现了短信业务。“1毛钱1条短信，成本只要5分5厘，网易有用户、有邮箱、有免费个人主页，如果我们每个月从一个用户身上赚1块钱的话，我们公司就能盈亏持平。”丁磊回忆说。在短信业务的推动下，网易找到了除广告之外的第二条资金流入渠道。

但是，凭借短信和网络广告，还不足以使丁磊高枕无忧。2000年，网易已经开始关注网络游戏，丁磊认为能够带给人精神享受的网游一定有潜力无穷的市场，于是在外界一片质疑声中，他抽调了公司最优秀的一批员工加入到开发网络游戏的团队中去，并制订了网游发展计划。2001年12月，网易推出自主开发的大型网络角色扮演游戏《大话西游Online》。2002年8月，《大话西游Online II》正式收费启动，网易游戏的用户逐步增加，从最初的3000人到了最高规模时的55万人。

网游使网易发生了根本性的变化，在别的网站仍旧残喘之时，网易已经实现了赢利。作为第一家赢利的门户网站，网易的股票价格最高值接近70美元。随着股票在2002年的良好市场表现，网易盈利水平增高，丁磊也成为福布斯2003年的中国首富。

别人都看好的东西不一定是好东西，而别人都不看好的东西也不一定是坏东西。聪明的企业总是在别人不知不觉中或者质疑中崛起的。一个企业家在想到一个好的模式的时候，不被人理解也是一件好事。只要值得，即使遭遇了挫折，也要继续坚持。

小企业更有味道

未来几年，我们会专注电子商务的几个重要趋势，第一，小就是美，small is beautiful，这次大会，我们看到小就是美。

几年前我去过一趟日本，一个很小的店，门口挂了一个牌说本店成立147年。我很好奇，跑进去一看，一个卖糕点的小店，老太太说我们这店开了147年了，就是两夫妻、一个孩子，日本天王也买过我们的糕点，洋溢着特别幸福的笑容，我相信假设是企业，你要想做得好比做得大更为幸福。

中国文化里面讲，宁为鸡头、不做凤尾，中国的文化、东方的文化，做小企业更有味道。未来的企业，小就是美，小和好更关键，更加灵活。

所以为了小而美，阿里基本决定，我们在公司内部做了决定，我们将全面推出双百万战略。何为双百万战略，我们将全力培养100万家年营业额过100万的网店。

有人说我想做10亿，很好，我们支持你，为你鼓掌，但是我们的重头戏是帮助100万家，因为我们相信一个年营业额100万的小店，他有可能会请上2～3个人，这样我们就又能多解决三四个人的就业机会。

但是我们觉得企业做超级大，是一个变态，是不正常，做一般大是一个正常体系。就像人长得比姚明还高，就本来不正常，长得我这样的身材，也偏低一点，一般一米七几正常。

所以，中国的企业，这种规模下是最有味道，最好的，只要你持久长，小企业因为你幸福，因为你好这口，你就会有不断的创新。

——摘自《马云：2012年9月第九届网商大会演讲》

马云在行动

在互联网时代，第三方电子商务平台快速崛起，给千万名草根创业者、小人物提供了走向成功的机会和舞台。在创业过程中，他们迸发出强大的创新能力，体现了“小即是美”的未来方向。

“小而美是未来电子商务的方向，2012年的评选让人们看到了草根的创造力。网商已经从10年前的一个概念成为今天的一个职业，入围年度十佳的网商都是未来的企业家。”作为本届网商评选终审评委，马云如是说。

为什么说小而美是未来电子商务的方向？北京大学与阿里巴巴集团研究中心联合发布了首份网络卖家图谱《谁在开网店》。报告显示，大量兼职卖家涌入网售大军，占整体网店的近70%，白领、在校学生、待业青年、家庭主妇、农民甚至退休老人都成了网店店主，农产品、手工艺品、地方特产等纷纷搬上了网。

网商中居住在城镇的超过90%；男性比例略高，为54.2%；1981—1994年出生的超过80%；价值观中庸，关注现世的家庭和睦，不愿意为了赚钱而冒险。此外，店家规模小、开店时间短、在线时间长、总投入少、商品类同、供应商固定、宅、有信心是目前绝大多数电商的特征。

在马云看来，小批量生产、小规模经营、个性化服务是电商的重要趋势。小店家，自有其创造力、生命力、发展力、影响力，小的也是美好的。

赢在执行

因为小就不愿意做它，因为小就忽略它，这不是一个成功者的所作所为。Small is beautiful，再微乎其微的事物也会有它自己的优势，所以我们无论是在工作中还是在生活中，都要注重一些小的事情、小的细节。

很多时候，我们工作中出现的问题，有的只是在一些细节、小事上做得不完全到位，而恰恰是这些细节的不到位，又会造成较大影响。对很多事情来说，执行上的一点点差距，往往会导致结果上出现很大的差别。很多执行者工作没有做到位，甚至相当一部分人做到了99%，就差1%，但就是这点细微的区别使他们在事业上很难取得突破和成功。

执行过程中，每一个环节都是与结果息息相关的，做好每一个环节才能保证最后的结果。每个流程都要做到位，就需要制订并优化执行流程，下面是一些建议，希望能够给你带来帮助：

1. 设计清晰简明的执行流程

流程如何设计，与工作的效率和执行力有很大的关系，流程清晰简明，工作的效率就高，执行力就强；流程复杂烦琐，工作的效率就低，执行力就差。比如一项重大决策，一家流程清晰简明的组织可能只需要10天就可做出决定，而一家流程复杂烦琐的组织可能需要半年甚至更长的时间；又比如处理一份重要文件，一家流程清晰简明的组织可能只需要3天就可以做出反应，而一家流程复杂烦琐的组织可能需要10天甚至更长的时间才能做出反应。可见，流程的优劣严重地制约和影响着执行力的发挥。要想提高组织的执行力，必须以清晰简明为原则，设计合理的工作环节与衔接程序。

2. 流程量化

流程量化，就是制订流程的核心部分，是确保流程有效性的基本方法和必要环节。依据标准对执行的现状与未来期望进行量化，从而可以确定执行的时间、执行的速度、执行的成本、执行的收益等量化指标，这样便于执行的评估和考核。

3. 流程标准化

流程标准化是通过设计一个标准的流程，作为现状的判定标准，以达到改变现状和提高效率的目的。包括流程具体步骤的确定、步骤中采用的方式的确定等。这个标准并不是一成不变的，在运行一段时间以后，对它进行有效性分析，加以改进。流程标准化的好处在于便于按照标准开展工作，避免执行的盲目性，降低因没有标准而造成的执行力流失。

4. 优化流程

复杂的流程将严重地影响执行的速度和工作的效率。复杂的流程就像复杂的制度一样，只会成为行动和速度的负担和累赘。因此，组织必须简化流程，进行流程优化。流程优化的最终目标是机构调整、减员增效，使流程有利于快速行动。流程优化的基本方向是：

（1）工作内容由单纯性变为综合化。一些工作由原先几个人做变为一个人做。即将一个人做一项工作转变为一个人承担几项任务。任务的合一有利于企业与外界，特别与客户的接触更集中有效。

（2）减少控制与检查。新流程要精简结构，使原先被分割的活动联系得更紧密，撤销不必要的控制与检查的流程。

（3）新流程可以超越组织界限来完成工作。工作单位由职能部门变为流程工作小组，组织结构趋向扁平化。起上传下达作用的中层组织可以大幅精简。

做中小企业的解救者

我有一个想法和要求，希望在座的每个人，不管你以前是干什么的，我们正视互联网，欣赏互联网。这个东西真奇怪，我们以前搞也搞不过它，越来越搞不过它，我们还很弱小，我们到现在为止没有超过100亿美元市值的公司，你说能成为世界级的伟大公司吗？人家都搞到1700亿了。但是不等于不存在互联网的精神。

我为什么去做阿里妈妈？因为互联网的文化是一个生态链，互联网绝对不可能成为几个超级大网站独霸的天下。海洋里面不可能只有几条鲸鱼、鲨鱼，而没有大量的虾米。没有小的东西，鲨鱼、鲸鱼都会死掉的。阿里巴巴必须要有生态链，我们必须为将来自己生存的环境而发展。

无数的中小网站、博客、论坛，这些不活下来的话，我们鲨鱼会死掉的。为这些环境做事情的时候，你这个企业会做得更强大。阿里巴巴要感谢中小型网站，没有中小型网站，新浪、网易门户封杀的时候，淘宝就没了，至于赚不赚钱，我们forget it（不必在意）。

今天阿里巴巴有这个能力做一些围绕着战略做的事情，战略永远是重要而不紧急的事情，但生态环境是很重要也很紧急的。

——摘自《2007年8月湖畔学院讲话》

马云在行动

从商业模式来看，马云追求做小生意，不去捕鲸鱼而只抓鱼虾，面向的是占企业总数85%的中小企业，后来又延伸到淘宝中的个体，最后是做全球贸易的生态链和产业。

1999年2月，马云被邀请参加在新加坡举行的亚洲电子商务大会。参加大会的80%是欧美人，谈的也是欧美式的电子商务。马云忍不住站了起来，讲了一个小时："亚洲电子商务步入了一个误区。亚洲是亚洲，美国是美国，现在的电子商务全是美国模式，亚洲应该有自己独特的模式。"

亚洲自己独特的模式是什么模式马云没有说，这是他要做的事。和互联网精英不一样，马云从小就没有生活在顶尖的那部分人当中，他活在平常的普通人当中，所以他决定和目前所有的电子商务不同，他不做那15%大企业的生意，只做85%中小企业的生意，用马云的话说就是"只抓虾米"。很简单，大企业有自己专门的信息渠道，有巨额广告费，小企业什么都没有，他们才是最需要互联网的人。

"如果把企业也分成富人、穷人，那么互联网就是穷人的世界。"马云说，"而我就是要领导穷人起来闹革命。"另外，马云还考虑到，因为亚洲是最大的出口基地，阿里巴巴以出口为目标；帮助全国中小企业出口是阿里巴巴的方向，他相信中小企业的电子商务更有希望、更好做。

电子商务要为中国中小企业服务，这是阿里巴巴最早的想法。马云把大企业比作鲸鱼，将小企业比作虾米，他注重虾米的世界。

但是，在马云的眼里，小虾米并不小，小虾米集中起来可以形成很强大的力量，实际上，很多大企业都是由很多中小企业支撑起来的。比如波音飞机，造一架波音飞机需要几十万个中小企业给它提供零部件，如果离开了这几十万个中小企业，波音也好，Air Bus也好，都做不好。

赢在执行

在一次名人访谈节目中，博鳌亚洲论坛秘书长龙永图问了马云一个问题：你（阿里巴巴）现在供应商当中有多少是中小企业？

马云的回答令龙永图有些吃惊："我们现在整个阿里巴巴的企业电子商务有1800万家企业支持会员，几乎全是中小企业。当然沃尔玛也好，家乐福也好，海尔也好，甚至GE都在我们这儿采购，但是我对这些企业一点兴趣都没有。"

龙永图笑着说："难怪人家说你是狂人，口出狂言。"在场的人们显然都不太相信马云的大话，怎么可能有对大客户不感兴趣的企业呢？

马云不慌不忙地解释道："我只对我关心的人感兴趣。我只对中小型企业感兴趣，我就盯上中小型企业，顺便淘进来几个大企业，它不是我要的。就像你刚才讲，龙（龙永图）先生不购物，网上不购物，我一定没有吃惊。但有一样，我坚信一个道理，说有的人喜欢在海里抓鲨鱼、抓鲸鱼，我就抓虾米。我相信是虾米驱动鲨鱼，大企业一定会被中小型企业所驱动。所以我那时候就想，企业在工业时代是凭规模、资本来取胜，而信息时代一定是靠灵活快速的反应。我唯一希望的就是用IT、用互联网、用电子商务去武装中小型企业，使它们迅速强大起来。"

从这段对话中，我们了解到马云之所以盯紧“小虾米”，眼里只有“小虾米”，其实是因为他了解中国的中小企业以及阿里巴巴自身的成长经验。关于这一点，他讲了一个故事。

2003年的冬天，马云到沈阳去看市场，顺便见了两个客户。其中一个客户见了马云就拉着他的手说：“我真想把你像佛一样供起来。”马云奇怪地说：“怎么了？”原来，那位客户的生意多亏了阿里巴巴。客户在2003年一共有60个客户，58个是从阿里巴巴来的。

马云好奇地问他：“你是做什么生意的？”客户回答说：“我们企业很小，是做标牌生意的。”

马云自小生长在私营中小企业发达的浙江，从最底层的市场一路摸爬滚打过来，深知中小企业的困境——被大企业压榨、控制。例如市场上一支钢笔订购价是15美元，沃尔玛开出8美元，但是1000万美元的订单，供应商不得不做，但如果第二年沃尔玛取消订单，这个供应商就完了。而通过互联网，像上面故事中的小供应商就可以在全球范围内寻找客户。

马云要做的事就是提供这样一个平台，将全球中小企业的进出口信息汇集起来。小企业好比沙滩上一颗颗石子，但通过互联网可以把一颗颗石子全黏起来，用混凝土黏起来的石子们威力无穷，可以与大石头抗衡。而互联网经济的特色正是以小搏大、以快打慢，马云要做的就是数不清的中小企业的解救者。

第八章 拥抱变化才能干出实效

拥抱变化是一种境界，是一种创新。拥抱变化是在不断地创造变化。变化有的时候是为变而变，但更多的时候你要比别人先闻到气味不对。

感谢变化，抓住机遇

十年以前我们看到无数个伟大的公司，我们曾经也迷茫过，我们还有机会吗，但是十年的坚持、执着，我们走到了今天，假如不是一个变化的时代，在座所有年轻人轮不到你们，工业时代是论资排辈。

就是因为我们把握住了所有的变化，我们才看到未来，未来三十年，这个世界、这个中国将会有更多的变化，这个变化对每一个人是一个机会，抓住这次机会。我们很多人埋怨昨天，三十年以前的问题，中国发展到今天，谁都没有经验，世界发展到今天，谁都没有经验，我们没有办法改变昨天，但是三十年以后的今天是我们今天这帮人决定的，改变自己，从点滴做起，坚持十年，这是每个人的梦想。

我感谢这个变化的时代，我感谢无数人的抱怨，因为在别人抱怨的时候，才会有机会。只有变化的时代，才是每个人看清自己有什么、要什么、该放弃什么的时候。

——摘自《马云：2013年5月辞去阿里巴巴CEO演讲》

马云在行动

2013年5月10日晚，杭州小雨淅沥，略有寒意。黄龙体育中心内外，“淘宝十周年”晚会盛况空前，周边的温度急剧上升：数千家酒店被订购一空，正在举办的一场商业活动门票价格上涨到上千元。能够容纳4万人的场馆座无虚席……

这是阿里巴巴董事长马云作为阿里巴巴CEO，对近4万名观众进行的最后一次演讲，他在演讲中宣布正式辞去阿里巴巴CEO一职。

马云的离职演说，一如既往，声情并茂，慷慨激昂。对于变化，马云感慨地说：“我们认为，除了我们的梦想之外，唯一不变的是变化！这是个高速变化的世界，我们的产业在变，我们的环境在变，我们自己在变，我们的对手也在变……我们周围的一切全在变化之中！”

互联网最大的特征就是变化，只有能够重视变化、预测变化，并且抢在变化之前采取行动来应对变化，才是最好的办法。马云说：“我感谢这个变化的时代，我感谢无数人的抱怨，因为在别人抱怨的时候，才会有机会，只有变化的时代，才使每个人看清自己有什么、要什么、该放弃什么的时候。”

马云一直强调，面对变化，要主动拥抱变化。阿里巴巴对拥抱变化的详细阐述是：突破自我，迎接变化。对于本行业的特点有深刻的认识，坚信变化是我们的日常生活。对于公司的变化，认真思考，充分理解，积极接受并影响和带动同事。对于变化对个人产生的影响，理性对待，充分沟通，诚意配合。在工作中善于自我调整，具备前瞻意识，建立新方法、新思路。面对变化后产生的挫折和失败，能够重新调整，以更积极的心态投入改进中。

这个世界是个变化的世界，在马云看来，面对变化，必须毫不畏惧，并且要感谢这种变化，主动抓住变化，才有可能抓住获得成功的机会。

赢在执行

我们处于一个急速变革的时代，这个时代以前所未有的速度改变了人类的生活。对于企业家而言，首先要把握已经发生了的变化。如果对已经发生的变化无动于衷，那又怎么可能应对未来的变化呢？已经发生的变化，告诉我们这个世界将向哪个方向前进，也意味着企业家所领导的企业将以怎样的方式适应未来的生活，一个企业必须有足够的文化底蕴来适应变化，更要适应未来的变化，否则，这个企业将在变化的狂潮中被撕裂。

倘若洛克菲勒在100多年前，不能洞察到石油行业所存在的巨大发展空间，那他将永远是个三流商人；倘若卡尔·本茨不能预见到汽车行业的发展趋势，那么世界上第一辆汽车的发明者将是戴姆勒；倘若李嘉诚不能预料到塑料花行业的衰落，那他将是一个破产的倒霉老板；倘若张瑞敏在短缺经济时代不能预想到质量对家电的重要性，那么海尔将仅仅是在青岛的一家小工厂；倘若比尔·盖茨不能预感到个人电脑时代的到来，那他只是一个默默无闻的哈佛毕业生……有太多的倘若被预见和洞察力所改变，而正是企业家的这种对未来的强烈预见能力，使他们成功地站在时代前列，成为商业时代的英雄。可以说，预见趋势，洞察变化，是一种典型的企业家精神。

对于企业家而言，更要重视已经发生的未来因素，这些因素不是企业内部可以掌控的，它们完全受制于企业外部环境。社会变革、经济结构转型、知识文化的转向，都会引发企业的变革。简单地讲，未来时代的不确定性越来越强。

对于企业家而言，要生存，就要认识趋势，就要认识变化，就要认识不确定性。有变化就有趋势，有趋势企业家就需要应对。对企业来说，“不确定性”永远存在，在中国目前的经济环境中这一点更为明显，企业家往往很难确定企业的未来，很难确定自己的战略，其根本原因就在于对社会的认识、对趋势的认识失之片面，流于表面。不确定性并不可怕，关键在于管理者必须学习在不确定性中寻找发展的机遇和变动的机遇。

正是因为不确定性的广泛存在，预见性才显得尤为关键，领导者应当能够预见趋势的发展。领导者无须把不确定性当成威胁，应积极衡量它将带给企业什么机遇，因为“意外事件”和“不一致性”恰恰是公司创新的重要组成部分。对于企业家而言，在这个充满不确定性的时代，学会如何创新和准确地预见形势，显然比具体的管理技巧要重要得多。

企业家要感知外在世界的变化，而不仅仅是企业内部的变化，外部的变化是一种趋势，一种社会潮流，一种新模式的突破，而能否感知这一切，取决于管理者是否具有高度敏感和富有洞察力的心。

在变化中求发展

创造变化、拥抱变化是我自己的理想。我个人理解这么多年来阿里巴巴最独特的一点就是拥抱变化。人，特别是既得利益者一定是害怕变化的，其次，很多人只是在适应变化，而阿里巴巴这个词比较过分，叫“拥抱变化”。

但是变化是很难的，尤其在好的时候要变化更难。不好的时候变也变不好，出现危机了，要找新的CEO了，开始寻找救星了，这个时候变不好了。世界上并没有多少救星。要在阳光灿烂的日子里修路，风调雨顺的时候做准备，太阳升起时买雨伞。

拥抱变化是一种境界，是一种创新。拥抱变化是在不断地创造变化。变化有的时候是为变而变，但更多的时候你要比别人先闻到气味不对。这个就属于创造变化，为了躲开想象中的灾难，为了抓住想象中的机会，你要不断地去调整。所以“拥抱变化”其中一个很重要的点，大家要去理解，就是这个变化绝对不是不好的变化，而是说你对灾难的预测，对好趋势的预测。

“拥抱变化”的学问非常深，因为它是创新的体现，也是一个危机感的体现。一个没有拥抱变化、创造变化的人是没有危机感的，一个不愿意去创造变化和拥抱变化甚至是变化自己的人，我不相信他有创新。变化是最可能体现创新的。

——摘自《2008年3月湖畔学院讲话》

马云在行动

当别人都说“以不变应万变”时，马云却说“拥抱变化”。阿里巴巴不仅有“三个代表”（依次是：代表客户利益，代表员工利益，代表广大股东的利益），还有“四项基本原则”，这四项基本原则的第一项就是：唯一不变的是变化。

对于“唯一不变的是变化”，马云是这样解释的：“我们在不断的变化中求生存，在不断的变化中求发展。如果发现公司没有变化，公司一定有压力，所以说我希望告诉你们每一个人，看看你自己的成长，是否带来变化，transformation也是变化，我们的网站，traffic，我们的revenue，各方面是不是有变化，我们的服务策略是不是有变化。我们要不断地去适应这种变化，如果你觉得昨天赢的东西你今天还要希望这样赢，很难了。一定要创新，变化中才能出创新，所以要学会在变化中求生存。”

马云在建立阿里巴巴时，很多电子商务公司都是面向大企业的，马云认为阿里巴巴不能也这样做。顺应时代的变化，马云认为随着网络的普及，大公司模式很可能走向终结。因为在互联网时代，对一家公司而言，不需要太多资金就能进入国外市场，从互联网大量的即时性信息中，中小企业可以很方便、很及时地获得更多的市场机会。

当时很多人还不知道电子商务是什么，马云已经敏锐地捕捉到了这个新事物，并意识到电子商务一定能为这个时代带来巨大的变化。这样，马云便想："我为什么不能给众多的中小企业一个网络出口呢？"于是，不同于当时任何电子商务模式，专门为中小企业服务的阿里巴巴就这样诞生了。

可以说，阿里巴巴自诞生之始就是变化的产物，随后在互联网的风雨突变中，不断地应对变化，不断地调整自已，同时也在不断地创造着变化。伴随着变化，阿里巴巴一直走到今天。

其实，互联网行业本身就是变幻莫测的，它的发展以及未来都不能真正让人看得清楚。事实上，整个互联网都是在不断的变化中发展起来的。"以变制变"，让马云和他的阿里巴巴在互联网的浪潮中如鱼得水，变化的形势反而给了马云更多的机会，他在变中准备，在变中求胜。

赢在执行

《鬼谷子》中说道："变化无穷，各有所归，或阴或阳，或柔或刚，或开或闭，或弛或张。"企业要与时、事、势而移，及时地调整战略。在市场经济飞速发展的今天，很多管理者都会有这样的感悟：变化是唯一不变的真理。只有企业跟随市场的变化而变化，才能使自身具有竞争力，故步自封只会被市场无情地淘汰。

创新是时代的要求，是个人成长和企业发展的关键，如果忽视了创新，必将面临一个惨淡的结局——灭亡。这种观念无论对企业还是对个人，都是适用的。"不创新，就灭亡。"美国福特公司的创始人亨利·福特以简短而有力的陈述概括了这种观念。他为什么说这句话呢？是因为他从创新中获得了可观的收益吗？事实并非如此。实际上，因为他的思想停滞不前，不知创新，而使曾经辉煌的福特帝国一度淡出了汽车市场争霸的擂台。这句话是他对失败教训的总结。

福特汽车公司的创始人老福特，是一个农民的儿子，他最了解美国的农村，地广人稀，需要农用客货两用车，那时候道路不太好，农民的文化水平又不太高，他们需要的是操作简单、坚固耐用、耐得住颠簸的汽车。他结合这些需求，生产出了操作简单、结实耐用、价格低廉的T型车，迎合了大多数人的需要，很快，福特汽车占据了世界汽车市场68%的份额。

在这个过程中，老福特还在不断创新，当时其他汽车制造厂家都要求工人每天工作10个小时，每天3美金，他却提出“8小时工作制”“每天5美元”。表面上看，这对他的原始积累很不利，但这使福特公司吸收了很多熟练工人，提高了工作效率。

另外，他还发明了“生产流水线”，更创造性地提出了“科学管理”的商业管理理论，当时几乎可以用富可敌国来形容福特家族。但是后来，老福特的创新逐渐教条化。到20世纪20年代的时候，美国社会进入了大众化富裕的时代，但老福特仍拼命地生产T型车。他没有察觉到美国人已经不需要这种车了，人们开始要求车子速度快、造型美观、具有个性化特色。

随着时代变化，消费者希望看到更多品种、更新款式、更加节能的轿车。福特汽车公司的产品不仅颜色单调，而且耗油量大、排废量大，完全不符合日益紧张的石油供应和日趋严峻的环境保护形势。

小福特建议老福特推出豪华型轿车，但不为老福特所采纳。而通用汽车和其他几家公司则紧扣市场需求，制订了正确的战略规划，生产出节能省耗、小型轻便的汽车，在20世纪70年代的石油危机中，跃然居上，而福特汽车公司则濒临破产。

此时，老福特才意识到自己的错误，于是转而根据小福特的意见推出豪华型轿车，但是先机已失，直到今天，福特汽车也还没恢复昔日龙头老大的地位。在这种情况下，老福特用血的教训总结出：“不创新，就灭亡。”

企业界中有“人无我有，人有我新，人优我转”的经营秘诀，其核心思想就是出奇制胜。无论是新产品开发、广告宣传，还是营销手段等都应力求新奇，而不要步人后尘。如果只是一味地效仿别人，而不知创新求变，那么企业最终将会失去市场。

世界上没有一成不变的东西，所有的事物都是在变化的。面对这些变化我们不能畏惧或逃避，而应该积极地迎接这些变化，认识这些变化，并相应地对自身做出调整和改善，只有这样才能成为一个真正的强者。

创造出比收费更好的服务

主持人：就像开饭店一样，我们能够想象，当一个跨国巨头刚刚花了几千万美元买下易趣，以一种近乎垄断的姿态占领了一个不错的市场，正准备大赚特赚时，忽然一个无名小卒拍马杀到，在马路对面开了家小店，向来来往往的人们招呼“来、来、来，本店吃饭，一律免费”，这个巨头会是怎样的火冒三丈？不知道这个比喻是不是准确？

马云：我们家不收钱，而且我们家的菜比他家好。如果你的菜不好，免费我也不吃，吃了拉肚子怎么办？

大家吃了以后就会说，我觉得你不是免费的。一拍网当年也是免费，雅虎和新浪合作也是免费，现在QQ弄了个拍拍网也是免费，免费的网站多得很。现在全中国真正收费的只有几个网站，大部分全是免费的。

免费只是个手段，你必须创造出比收费更好的服务，比收费网站创造出更高的价值你才有机会赢。别人看到淘宝网赢了，以为是因为免费，于是都免费。雅虎和新浪合资的一拍网钱比我们多，品牌比我们好，访问量比我们大，也同样免费，又怎么样？eBay这两天开始免费了，又怎么样？

——摘自《马云：上海第一财经〈财富人生〉节目访谈》

马云在行动

2003年，阿里巴巴内部网站上出现了一个帖子。这个帖子提醒阿里巴巴的员工，要注意一个制作思路与阿里巴巴极为相似的网站正在迅速聚拢人气，它的名字叫淘宝。这个帖子迅速引起了阿里巴巴员工的注意。

随后，网上的议论越来越多。没多久，有人把网上的议论搬到了网下，当时还有员工对阿里巴巴高层在此事上的麻木不仁、反应迟钝感到愤怒。有人公开问领导：为什么对这样一个网站不闻不问？马云描述当时的情况，说自己只是“笑而不答”。

首先看出端倪的是公司的老员工，因为这个淘宝网站所有服务人员的网名，用的都是金庸武侠小说里的名字。众所周知，马云是个“金庸迷”，于是有人开始猜测淘宝网就是阿里巴巴集团的网站之一。

这个故事差不多已经成为阿里巴巴发展史上的一个经典段子，故事的开头颇有悬疑：2003年，刚过完农历新年，10名阿里巴巴的员工被一一叫到马云的办公室。马云跟他们说的是同样一件事，说公司有一项秘密任务需要他们去完成，不管愿意与否，员工都必须承诺保密。签订协议后，必须单独与一个团队工作一阵子，这件事谁都不能告诉，包括家人和朋友。

此前一直宣称将专心致志并确实一直专注于B2B领域的阿里巴巴，为什么这个时候要建一个免费的C2C淘宝网呢？

原来，随着阿里巴巴迅速发展，马云并没有满足于只在B2B领域傲视群雄，他将目光投向了用户基础庞大且同为电子商务的C2C领域。从2002年开始，马云就一直关注着C2C王者eBay。

成立于1995年9月的电子商务网站eBay，在问世不到7年的时间里高速发展，取得了傲人的业绩。拥有来自世界各个角落的4200万名注册用户，2001年eBay全球年度销售额已超过90亿美元，赢利9000万美元。

中国首家C2C网站易趣网在2002年被eBay以1.5亿美元的价格收购，此举表明国际大鳄eBay要来中国抢夺市场。

2002年年底，马云发现，在易趣网上，出现了非个人对个人的大宗交易。这个现象引起了阿里巴巴高层的高度重视，电子商务原本就不存在B2B和C2C的明确界限，个人对个人的交易做大了，实质上与企业对企业的交易并无区别。在eBay登陆中国并且成功收购易趣后，马云的弦绷得更紧了，建立淘宝网实际上是一种战略的需要。

天下难道真有免费的午餐？马云用淘宝网给了大家一个肯定的答复。淘宝网的使命是“没有淘不到的宝贝，没有卖不出的宝贝”。免费的午餐迅速赢得了人气，淘宝网很快取得了不俗的成绩，这一切都来源于用户的支持。

赢在执行

eBay在北美市场靠向卖家收费而受到投资商青睐，它从一开始就赢利，而且获利颇丰。可是，马云宣布中国的淘宝是免费的，而且“几年内都将免费”。

在中国，eBay刚一并购易趣网，很快就推行收费政策，直奔赢利主题，而马云却表示：还要烧钱，已经准备了5年的资金来支持淘宝的免费政策，并且“投资商嫌我们花钱太慢”……马云认为2005年前后的中国C2C市场还不是一个该不该收费的问题。因为中国的C2C消费市场非常不成熟，还需要培育，重点在于完善信息流、资金流、物流的产业链。

eBay中国曾指出，“免费”不是一种商业模式。淘宝网宣布在未来3年内不对其产品收费，只能充分说明eBay在中国业务发展的强劲态势。而马云并不这么认为。对于为什么免费，淘宝网的高层认为，主要的目的是希望借此降低门槛，吸引更多用户，而收费将扼杀用户的积极性。

尽管宣称“免费”不是一种商业模式，迫于淘宝免费政策带来的压力，eBay中国也不得不尝试“免费”。然而，2005年12月20日，当eBay在中国推出“免费开店”的时候，马云认为两者客户数差距已超过20倍，eBay此时反击太晚了，它已失去翻身的机会。

如果在一年半以前，易趣采取免费策略的话，淘宝今天的日子就没有这么好过了。

马云说，经过两年的快速成长，淘宝已超越eBay易趣，成为国内最受欢迎的第一大C2C网站。在未来几年里，淘宝的免费策略依然符合中国C2C处于起步期的特殊国情，淘宝将继续保持着长远的竞争优势。他表示，模仿并不能击垮竞争对手，eBay易趣抛弃自己坚持收费的原则，将使用户无所适从，徘徊在收费与免费之间将令eBay易趣进一步陷入被动。

“今天eBay易趣跟我们的距离已经很大了，目前我只关注淘宝如何更好地去培育好市场、建设好我们的品牌、做好我们的服务，未来三年争取创造100万个钻石卖家。”

当然，淘宝之所以完胜eBay易趣并不仅仅靠免费这一策略。淘宝在技术层面上更加符合中国消费者的习惯，功能及服务都更为人性化；eBay易趣在竞争中的决策迟钝与应对失误，直接造成了淘宝的速胜。

做好准备，稳步发展

大家也许还记得，在二月的员工大会上我说过：冬天要来了，我们要准备过冬！当时很多人不以为然！其实我们的股票在上市后被炒到发行价近3倍的时候，在一片喝彩的掌声中，背后的乌云和雷声已越来越近。因为任何来得迅猛的激情和狂热，退下去的速度也会同样惊人！

我不希望看到大家对股价有缺乏理性的思考。去年在上市的仪式上，我就说过我们将会一如既往，不会因为上市而改变自己的使命感。

面对今后的股市，我希望大家忘掉股价的波动，记住客户第一！记住我们对客户、对社会、对同事、对股东和家人的长期承诺。当这些承诺都兑现时，股票自然会体现你对公司创造的价值。

我们对全球经济的基本判断是经济将会出现较大的问题，未来几年经济有可能进入非常的困难时期。我的看法是，整个经济形势不容乐观，接下来的冬天会比大家想象的更长、更寒冷、更复杂、我们准备过冬吧！

面对冬天我们该做些什么呢？

第一，要有过冬的信心和准备！

冬天并不可怕，可怕的是我们没有准备！可怕的是我们不知道它有多长，多寒冷！机会面前人人平等，而灾难面前更是人人平等！谁的准备越充分，谁就越有机会生存下去。强烈的生存欲望和对未来的信心，加上充分的思想和物质准备是过冬的重要保障。阿里集团在经历了上一轮互联网严冬、非典等一系列打击后，我们具备了一定的抗打击能力。

去年对上市融资机会的把握，又让我们具备了二十多亿美金的过冬现金储备。集团年初“深挖洞，广积粮，做好做强不做大”的策略已经开始在各子公司得到坚决地实施。

我想对严冬的到来，阿里人应该拿出当年的豪情：If not now，When？If not me，Who？（此时此刻，非我莫属！）

2001年我们对自己说过：Be the last man standing！即使是跪着，我们也要最后一个倒下！凭今天阿里巴巴的实力也许我们自己不会倒下，但是今天的我们肩负着比以往更大的责任，我们不仅仅要让自己不倒下，我们还有责任保护我们的客户——全世界相信并依赖阿里巴巴服务的数千万的中小企业不能倒下！

在今天的经济形势下，很多企业的生存将面临极大的挑战，帮助他们渡过难关是我们的使命——是“让天下没有难做的生意”在今天最完美的诠释！我们要牢牢记住：如果我们的客户都倒下了，我们同样见不到下一个春天的太阳！

第二，要做冬天该做的事！

一个伟大的公司绝不仅仅是因为能抓住多少次机会，而是因为能扛过一次又一次的灭顶之灾！2002—2003年，我们抓住了互联网的寒冬大搞阿里企业文化、组织结构和人才培养建设。

今天，我们在感谢去年上市给我们带来机会的同时，也要学会感谢今天世界经济调整给我们带来的巨大机遇。阿里巴巴从18人创业到今天超过一万人，我们的文化、组织和人才建设也在快速增长下面临挑战，但也因此得到机遇，让我们这五年轰轰烈烈地经历了组建淘宝网、支付宝公司，收购雅虎中国，创建阿里软件、阿里妈妈和投资口碑网一直到去年上市。

我们希望有几年的休整时间，感谢这个时代又给了我们一次这样的机遇。

——摘自《2008年马云内部邮件〈冬天的使命〉》

马云在行动

在全球经济的冬天渐渐逼近之前，嗅觉敏锐的马云已经开始准备如何过冬，并且已经为在严冬中积蓄力量做好准备，以迎接阿里巴巴下一个春天的到来。

于是，在2008年7月23日马云写给阿里巴巴集团全体员工的内部信——《冬天的使命》一文中，面对即将到来的冬天，马云发出了“冬天并不可怕！可怕的是我们没有准备”的呼吁。对此，马云提出了两点过冬的措施：第一，要有过冬的信心和准备；第二，要做冬天该做的事。

在马云看来，形势比人强，变化总比计划快。企业在运行的过程中不仅要把今天的事做好，还要有危机意识，准备好明天要做的事。面对互联网的冬天，阿里巴巴只有做好过冬的准备，在严冬中“深挖洞、广积粮”，酝酿整个集团下一个十年发展计划，并帮助中小企业一起度过漫长的冬天，才是长久的发展之道。

马云认为，作为企业领导者，要有敏锐的洞察力，要洞察未来的市场是什么，CEO最困难的是要把灾难扼制在摇篮之中。

尤其是电子商务公司，要想稳步发展、获得成功，必须能够防微杜渐，站在整个大行业、大市场的全局高度上，在危机来临前或者危机刚刚萌发时，及时调整策略，及时遏制危机的蔓延，才能持续地生存下去。

赢在执行

对于有些企业来说，最大的问题不是做不好今天该做的事，而是缺乏危机意识，无法对未来可能发生的变化，做好充分的准备。尤其是那些处在高速成长期的企业，只看到自身的快速强大，而忽略了在瞬息万变的商海洪流中可能面临的危机：金融危机、产品安全危机、品牌信任危机、人事动荡危机……

危机无处不在，如果不懂得以危机作为自己成长和进步的动力，企业将难逃失败的宿命。几乎所有成功的企业，要想持续发展，都必须注重未来可能出现的危机。

比如，海尔集团以“永远战战兢兢，永远如履薄冰”为生存理念；小天鹅公司实行“末日管理”战略，坚守“企业最好的时候，也就是最危险的时候”的理念；还有已经成为“全球最好的中文搜索引擎”的百度，其创始人李彦宏却始终在公司上下传达“百度离灭亡只有30天”的警示……这些强大的企业无时不保持着居安思危的警惕性，注重防患于未然，才使企业始终保持着蓬勃向上的发展势头。

2000年新世纪伊始，在“网络股”泡沫破灭的寒流还未侵袭中国，国内通信业增长速度仍保持在20%以上的时候，华为年销售额达220亿元、利润以29亿元人民币位居全国电子百强首位，而正是这个时候，任正非却大谈危机，认为“华为的危机以及萎缩、破产一定会到来”。他的那篇题为《华为的冬天》的文章后来在业界广为流传，深受推崇。当然，“华为的冬天”并非只是华为公司的冬天。正如《华为的冬天》最后所说：“眼前的繁荣是前几年网络大涨的惯性结果。记住一句话‘物极必反’，这一场网络、设备供应的冬天，也会像它热得人们不理解那样，冷得出奇。没有预见，没有预防，就会冻死。那时，谁有棉衣，谁就能活下来。”

马云那篇《冬天的使命》与《华为的冬天》恰有异曲同工之妙，它带给我们这样一个重要启示——最危险的情况是你意识不到危险。繁荣延续时间长，意味着冬天要来了。在企业经营的过程中，危机总会不知不觉地到来，因此，企业家不得不预先做好准备。

如果一个企业只顾眼前的发展，丧失了危机观念，就好像一个人闭着眼睛开车一样，早晚会出事。怎样做好准备呢？那就是切实做好今天该做的事，并时刻树立危机观，对企业的不足之处加以改进，为企业未来的健康快速发展做好准备。

第九章

用方法促进落实

成功的企业很多，失败的企业也很多，不管是哪一类的，他们之间都有一个共性问题：执行力！

美国前总统艾森豪威尔说："任何语言都是苍白的，你唯一需要的就是执行。"所以，现在就学会在面对问题时用方法来促进落实吧。

让有限的资源产生无限的价值

到今天为止，我还是坚定不移地相信阿里巴巴总部设在杭州是没有错的。

第一，任何公司都必须贴近自己的客户，客户在哪里你就要在哪里，如果今天阿里巴巴是做电子政务的话，我们就应该搬到北京去。做电子商务必须在离中小型企业最近的地方，也就是说浙江、江苏、广东一带，杭州很好。

第二，北京的企业都相信国有大企业，假如我们在北京，阿里巴巴在那里相当于500个儿子中的一个，谁都不关心你。在上海，他们只相信跨国公司，只要你是微软、IBM，他们像请佛一样请你，中国的本土公司没人理，我们本来准备把总公司放在上海，后来还是放在了杭州。

最后我们突然发现杭州还是自己的家，杭州的几百万老百姓因为阿里巴巴回来而感到骄傲，我们杭州的出租车司机在帮我们做广告，杭州西湖上划船的人虽然不知道阿里巴巴是什么，但知道反正我们有一个公司是阿里巴巴。创新要学会把本来不占优势的项目发挥出潜在的优势。

——摘自《马云：2005年青岛网商论坛演讲》

马云在行动

我们的事业常会遇到资源匮乏的问题，但只要我们肯动脑、善创新，激发脑中的无限创意，就一定能够将问题圆满解决，让有限的资源产生无限的价值，令本来不占优势的事情发挥出潜在的优势。

马云认为，把一个本来不占优势的事情，充分发挥出潜在的优势，是打破常规的真正精髓。

杭州相对于国际都市上海来说，无论在硬件上还是在软件上，对于从事电子商务的阿里巴巴来讲都看似是一个不占优势的地方，马云却能在这种“劣势”中开发出“优势”，正体现了打破常规的精神与智慧。

也许我们手里的资源不充足，但那又有什么关系呢？只要我们敢想、敢做，有创意在，就会有成功的一天。

打破规则并非一蹴而就，需要先了解规则、适应规则，然后才能建立规则。在中国入世谈判的一段时间内，国内也刮起了所谓遵循游戏规则的风潮，大多数企业家在观念上逐步接受了这一观点。不过，在对待游戏规则的态度上，人们很可能在进入另一个误区。这种意识，对于中国所有的企业家，特别是在现代社会中，渴望找到机会的人来说，特别重要。

亚马逊公司的杰夫·贝索斯通过运用互联网而不是传统的分销渠道，打破了书刊行业的规则。理查德·布兰逊的维尔京集团在多个行业使已经建立的企业模式感受到了压力。零售连锁店梅体小铺的创立者安尼塔·罗德蒂克有意与这个行业内的专家们反着做，并且这项策略使她获得了成功。规则是需要打破的，经常打破一种规则，是以一种新规则产生为结果的，而这种方式，同样也是创新。

事实上，正如熊彼特所分析的那样，创造一种规则，同样属于大规模的创新。既然是创新，就无可非议，相反，一味地遵循规则，可能也正是导致中国整体创新能力不足的根本原因。

资源匮乏，经常是各种创新的根本动因。因此，好的创业者，就是要用新的方式，挑战那些不可能的事情。这方面，马云的确可以算得上中国的亚马逊之父。

赢在执行

职场中，当我们遇到问题身陷困境时，有些人总是抱怨不休，而有些人却积极面对，想办法解决问题。当然不同的表现方式，会产生两种截然不同的结果：一味抱怨的仍在抱怨，因为他仍旧身处劣势而没有丝毫变化；积极行动的则会开怀一笑，因为他已经用头脑与行动化解了困难，甚至会将劣势转化为优势。

方法永远在自己身上，自己才是解决问题的金钥匙。从习惯抱怨到主动寻找解决问题的方法，你可以借鉴以下一些经验：

1. 改变自己的观念

我们埋怨世界、抱怨环境是没有用的，只有从思想上去适应它。比尔·盖茨说："生活是不公平的，要学会适应它。"有些时候，我们不是做不好自己的工作，而是我们的思想过于僵化。在我们改变自己思想的同时，我们也就找到了突破困境的方法。

2. 带着思想去工作

公司所渴求的人才不只是具有专业知识的、埋头苦干的人，而更需要带着自己的思想工作的人。一个合格的员工不只是被动地等待别人告诉他应该做什么，而是应该主动去了解和思考自己要做什么、怎么做，并且认真地规划它们，然后全力以赴地去完成。

企业的发展最终靠的是全体员工积极性、主动性和创造性的发挥，每个员工都应充分展现自己的想法，贡献自己的力量。

3. 没有做不到，只怕想不到

戴高乐说："眼睛所到之处，是成功到达的地方，唯有伟大的人才能成就伟大的事，他们之所以伟大，是因为决心要做出伟大的事。"工作中必然会遇到各种各样的困难，在那些工作不称职的员工看来，困难总是太大太多，以至于根本无法克服；而在善于创新的人眼中，没有做不到的事情，只怕想不到的。

在困难面前保持足够的韧性，遇到困难不惧怕，是优秀员工获取事业成功的重要因素，也是一种积极人生态度的重要表现。反过来，积极的人生态度有助于人们克服困难，实现成功。

4. 坚信方法总比困难多

在蒙牛集团，有这样一副对联："只要精神不滑坡，方法总比困难多。"这是一种无所畏惧的信念，也是一种工作的指导方针。牛根生说：在一个单位，不管是领导还是员工，只要有着这样的精神，有什么困难不能克服，有什么问题不能解决呢！坚信"方法总比困难多"，能够增强我们战胜困难的信心，还能激发出我们的创造热情。许多成功者回忆走过的艰难路途时说：就是因为有了"方法总比困难多"这一信念的支撑，才有了他们今日的成就和辉煌。

把多数人都称赞的决定扔到垃圾桶

1995年我做出的决定，对我自己讲可能改变了自己一辈子所从事的事业。而今天，我把大家请过来，跟大家探讨至少五年、十年我们要做的事情。

雅虎的上市，亚马逊的上市，这一系列公司的上市，导致我们在想，Internet是不是已经到了顶点？雅虎是不是已经做得差不多了？我们再跟下去的话是不是太晚了？所以我们大家今天到这里来都很着急，都在想我们这么做下去前途在哪里？到底有没有希望？玩下去玩一个什么东西出来？我们有可能变成什么样？大家可能都带来了方案，我们从基础做上去以后的好处在哪里？

在大家都觉得是一个机会的时候，我们不去凑热闹。而越在大家都还没有开始准备，甚至避之不及的时候，往往正潜伏着最大的机会。

——摘自《阿里巴巴第一次员工大会》

马云在行动

逆向思维是一种有效的思维方式，它能帮助你拓展思路，开阔眼界，抓住本来没有意识到的好主意、好方法，有助于你开拓自己事业的蓝海领域，取得全新的成就。马云创立阿里巴巴以及之后的许多成功决策都与其逆向思维紧密相关。

1999年2月21日，阿里巴巴召开第一次员工大会，会上马云说出了自己构想的网站模式：不做门户，也不做B2C，而是做面对中小企业的B2B。这个“疯狂”的想法，让会议的争论异常激烈。

当时的中国互联网市场，虽然美国的三大模式（门户、B2C、C2C）都能找到，但绝大多数都是门户网站。会议上多数人认为做门户网站是唯一可行的方案，但马云坚决否定了这个提议，他说："大部分人看好的东西，你就不要去搞了，已经轮不到你了！"

马云的构想起源于1999年2月他在新加坡参加的亚洲电子商务大会。马云由会上发言人大多为欧美人士想到，欧美电子商务市场，特别是B2B模式是针对大企业的，而亚洲电子商务市场主要在中小型企业，于是他决定创办一种中国没有、美国也找不到的模式。

马云曾不止一次地说："如果一个决定出来以后有90％的人说好，你就把这个决定扔到垃圾桶里去，因为那不是你的。别人都可以做得比你更好，你凭什么？"这就是马云的逆向思维方式，看起来疯狂，却往往有效。

逆向方法就是大违常理，从反面探究和解决问题的方法。很多时候，对问题只从一个角度去想，很可能进入死胡同，因为事实也许存在完全相反的可能。有时，问题实在很棘手，从正面无法解决，这时，假如探寻逆向可能，反倒会有出乎意料的结果。

赢在执行

现实中，每天都会产生出许多新问题，也会发现许多新方法。在青霉素发明之前，人们遇到细菌感染问题采用的是另一类方法，而在青霉素被发现之后，细菌感染的问题有了新的也是更有效的解决方法。

问题在不断变化，环境也在不断变化，我们了解得越来越多，我们解决问题的方法也越来越多。而能否选择一个好的方法，往往决定了你的工作是轻松还是辛苦，事业之路走得是远还是近，最后的结局是成功还是失败。

同样是在工作、生活中，有些人只懂勤勤恳恳、循规蹈矩，终其一生也成就不大。而聪明的人却在努力寻找一种最佳的方法，在有限的条件中发挥才智的作用，将工作做到最完美。同样是在解决难题，思想老化的人年复一年，机械地重复着手边的工作。相反会动脑子的人会借着问题，将工作上升到更高效的层面，自己也可“一劳永逸”。

执行要讲究方法，一些学者在研究的基础上，提出了“五步工作法”——它是有效解决工作中如何忙到点子上的锐利武器。所谓“五步工作法”，是指生产过程中一种简单易行的工作方法，其具体内容是：“一看”“二想”“三查”“四干”“五检”。

“一看”——工作之前，必须看懂图纸、工艺、技术要求，如有错误应及时反馈更正；看工作现场与工作位置是否能安全顺利地开展工作等。“看”是“想”“查”“干”“检”的前提，是发现问题的第一步。一定要看清辨明，为“想”“查”“干”“检”提供可靠的依据，做到心中有数，少走弯路。

“二想”——工作之前，要想一想应采用哪些设备和工具；应做哪些准备工作；采用什么样的工作程序及方法；工作中易出现哪些问题，该怎样预防这些问题等。“想”是“查”“干”“检”的思想准备，是工作前的全过程预先设想与筹划；一定要想得周全，为“查”“干”“检”打下良好的基础。

“三查”——工作之前，查看所使用的设备、仪表、工具等是否处于完好状态；使用的材料、辅料等是否符合工艺要求。“查”是“干”好的前期准备，一定要查看仔细，把各种易引起质量事故的不利因素及隐患消灭在萌芽中。

“四干”——工作者要熟练掌握操作技能，遵循工作的程序，按照工艺要求精心操作，发现问题及时处理或反馈。“干”是在“看”“想”“查”的基础上进行的最重要的环节。只有在“看”“想”“查”都处于最佳的状态下，即“看”得明白、“想”得周全、“查”得准确，才能“干”出好的结果。

“五检”——“检”是指工作前的“初检”、工作中的“中检”及完成工作后的“终检”。检验所做的工作是否符合图纸、工艺、技术要求，及时发现问题，采取得力的措施补救，避免工件或成品的报废，减少浪费。“检”是最关键的一道工序，也是交检前的最后一道程序，一定要检查仔细，做到严格把关。

工作讲究方法，能够时刻忙到点子上，这是提高效率的关键。而判断一个人绩效高低的重要标准，不是看他多么努力地工作，而是要看他能不能忙在点子上!

与经历过磨难的公司合作

张维迎：各位，下面，又一场“西湖论剑”要开始了，这场很特别，我们知道2006年8月11日那天发生一件大事情，中国的媒体关注，中国的互联网更加关注，美国的华尔街也十分关注，就是阿里巴巴和雅虎“定情”了。

为什么说“定情”了，那天是农历七月初七，中国农历七月初七是鹊桥日，我不知道为什么挑这个日子，今天是马云和杨致远的论剑，我们有请马云先生，雅虎的“首长”，也是雅虎的CEO杨致远先生!

第一个问题我来提，对话的时候下面有任何问题可以交流，我提的问题是刚才我所讲的，杨致远先生和马云先生到底互相看重了什么？

杨致远：我很高兴来论剑，没想到有今天到这里来论剑，大家知道我跟马云第一次见面的时候是第一次来中国，是1997年的时候，那次也算是缘分，我跟我母亲、弟弟来，那次马云接待了我们，我那次没有商议，完全是友情，第一次见面就觉得他很诚恳，很有雄心，对世界的看法是非常强烈的，那时我觉得他以后肯定会成为不平凡的人，我没想到这次很荣幸又在这里交流。

马云：也许有人觉得10个亿美金很多，我觉得这10个亿并不算什么，有人认为我很狂妄，我不这么认为，我第一次上网在雅虎上搜索，我记得第一次碰电脑就碰到是雅虎，在雅虎上搜索啤酒，我没有找到中国啤酒，是其他国家的啤酒，在里面居然没有中国字，到现在活下来的好像只有雅虎一家。

刚汪延说因为雅虎免费，我觉得雅虎这么多年来还坚强地活着，而且不断发展，特别是在中国经历了7年的磨难也好，发展也好，我喜欢跟经历过磨难的公司合作。

杨致远先生他比我小，所以我们第一次在长城上感觉就挺不错，当然后来感觉就越来越好了，刚才你说朋友，我觉得不太像，像兄弟差不多。

——摘自《马云：2006年第五届西湖论剑》

马云在行动

2005年是中国商业互联网诞生10周年，同时越来越多的有识人士认为，2005年中国的互联网公司，在经历了互联网发轫时的狂热，互联网泡沫后的精彩，纳斯达克上市浪潮之后，已经进入一个新的历史时期。

这一年，国内外巨头同台唱戏连横开阖更为微妙和精彩；资本角逐与战略布局更为宏大和直接；搜索和电子商务等互联网新领域跑马圈地更为决绝和激烈。从这个层面上讲，2005年更可以因其竞争的日益国际化、规模化、白热化以及对未来战略方向的重新把握和判断层面，而成为中国互联网的“元年”。

2005年9月10日互联网业界盛会“西湖论剑”在杭州西子湖畔第五度召开。第五届“西湖论剑”的主题为“天下”。美国前总统、极力推广互联网经济的比尔·克林顿，以及包括世界顶级互联网公司的CEO和中国本土互联网公司的CEO出席了本次盛会。

在此次“论剑”中，马云表示喜欢与经历过磨难的公司合作。雅虎经历过很多磨难而存活下来，并且不断发展，正是在那一年的8月，雅虎以10亿美元加上雅虎中国的全部资产兑换阿里巴巴集团39%普通股（完全摊薄），并获得35%投票权。雅虎中国的资产包括雅虎门户、搜索、IM产品、3721等。

通过此次交易，阿里巴巴业务涵盖电子商务、搜索、门户和即时通信，成为当时互联网公司中业务覆盖范围最广的一家。马云解释雅巴战略合作原因时称“合作的主要目的是为了电子商务和搜索引擎。未来的电子商务离不开搜索引擎，今天获得的整个权利使我们把雅虎作为一个强大的后方研发中心”。

阿里巴巴的主要业务是B2B和C2C的电子商务，而雅虎中国的主要业务是门户和搜索，门户和搜索能够为阿里巴巴的主业电子商务提供流量，双方存在协同效应，这就是阿里巴巴并购初衷。

赢在执行

投资大师巴菲特曾经有这样一句名言，“只有大潮退去才能知道谁在裸泳”。在经济状况好的时候，那些一夜成名的明星企业备受关注，但是一遇到市场危机，它们中的绝大多数都会被打回原形。

能够度过寒冬的企业必须拥有扎实的内功，不仅来自市场销售数字，更要有主导企业长期发展的战略体系及相应的战略组织框架。因此，企业要成就卓越，仅仅区别于供应商或竞争对手还不够，还必须在市场上时刻保持领先的地位。即在市场上，无论是企业形象还是市场份额，都要确保自己能够获得更多用户的信任。

在磨难之中，你当然需要借鉴别人的最佳实践，以减少过程中的痛苦，但是你千万不能错过每一个锤炼自己的机会。杰克·韦尔奇曾说，一个企业的战略只需要5页PPT就够了；然而，如果没有经过多年的磨难与思考，你如何确保如此短的篇幅能够体现出你的企业智慧？

面对危机，每一家公司的收入都会锐减，但只要通过一些科学的、先进的组合，依然可以获得“赢”的结果。著名经济与管理学家阿里·德赫斯曾在他的著作《长寿公司》中说：“度过了无数寒冬的长寿公司都历经战争、经济萧条、技术和政治变革的洗礼，却总能够将自己的触角伸展开，坦然地面对未来将要发生的一切。一句话，它们擅长学习和适应环境。它们对环境非常敏感，能够与时俱进，关注变化，适应市场，适应外界的需求。”

当然，除了企业外部环境的恶劣会影响企业生存外，企业自身在成长期也会遭遇种种的困难。首先，在初创期，企业信用不高，融资渠道匮乏，稍有不慎可能就会失败，而一旦失败，没有人会为你输血。这一阶段，企业必须为生存而维持收支，这样才不至于夭折。而作为企业的管理者，必须知道有收入不等于有利润，有利润不等于有真金白银。很可能你以为你在赚钱，实际上你却在亏损。这是初创期的磨难。

其次，在成长期，很多企业渡过了生存危机，开始扩张，需要大量资金发展市场和扩大生产。企业收入在剧增，但应收账款也在剧增。这时候最危险的，莫过于管理者被前期的胜利冲昏头脑，再投入时没有节制，最终导致资金链断裂。这种悲剧在国内一再上演，表现形式不一，但最终的结局一样——企业破产倒闭。这是成长期的磨难。

最后，在企业的成熟期，企业的业务趋于稳定，现金流充裕，但利润开始减少，成长乏力。这时候的当务之急主要有两个：一是提高企业的效率，想办法降低成本，保持产品在价格上的竞争力；二是探索新的业务，测算好新项目的投入产出。但我们也看到很多企业成本控制缺乏方法，或者投资盲目，导致很多项目迅速失败。这是成熟期的磨难。

不管企业处于哪个阶段，只要胸有计划、勤于行动、注重控制、持续改善，就能化解种种磨难，在战胜磨难的过程中企业会越来越强大。可以说，磨难是企业在行业中做稳做大的必经历程。

批判官僚，沟通保证执行

在2006年我看到一些问题，我看到公司的很多同事和干部离客户远了，离铺张浪费近了，我看到我们公司也出现了官僚主义，我看到我们公司一点点出现办公室政治的情况，这些确实让我很伤心。但是我又觉得因为刚刚起来，很多问题能够解决得了。

我看我们价值观提得少了，特别是干部的价值观提得少了。公司在外面看来我们是一个B2B，我们是一个C2C，我们是一个Online Payment（在线支付），也看到我们雅虎网站，也看到了阿里软件，但是在内部来看，阿里巴巴最值钱的是我们的价值观，是我们的六大价值观以及前面九大价值观继承下来的核心。

但是这过去的一年，也许是压力，也许是竞争，也许是我们自己对很多问题的看法，我觉得我们的干部更多地把价值观作为考核员工的工具，而不是检查思想的东西。价值观不是真正从心里面出来的。

我在这里想说一下，金建杭和他的HR（人力资源管理）团队去年做了巨大的努力。我觉得“活色生香”这个词很好。以我的理解，阿里巴巴应该有的不只是生香，而是每个员工发自内心对公司的热爱。对我们从事的事业的关心，在公司里面以各种各样的形式从内心中展示出来，而不一定在墙上贴、不一定在身上穿、不一定喊口号，但是我们通过各种各样的努力去为客户做贡献。

我另外看到的情况是我们离客户远了。我不知道在座所有的干部、在座所有的同事，花多少时间倾听客户。这一年我收到客户的信不少，这些信让我反思，是不是公司大了，我们确实应该离客户远一点，是不是应该松懈。我们公司还不大，我们公司才5000人，我们会到10万人，会到15万人，现在才是8年的公司，我们还有92年要走。

我也看到另外的情况，我们干部离员工远了，很多员工开始不敢跟干部交流。我今天早上刚刚跟M级别以上的干部交流，我说我越来越寂寞。在1999年、2000年、2001年创业的过程中，到了周末，到了节假日，会收到很多短信，很多同事会打电话问声好，周末的时间下下棋、打打牌。

当然有人说，第一是因为你忙了，我不想打扰你；第二是因为我们也很忙，难得有个周末。我完全理解，但是从背后和深层次来看，我们之间的感情在稀释。阿里巴巴是一个大家庭，我们希望在工作中Professional（专业），在平时我们是朋友。

——摘自《马云：2007年集团年会讲话》

马云在行动

在庞大的组织中，建立四通八达、自由交流的信息沟通网络和方式，可以改变文山会海、拖拉作风、官僚主义等恶习，提高组织工作的效率。

马云曾说："团队内部要有一个好的沟通氛围，工作上什么事情都可以沟通，这样的团队才是有战斗力的。"

在阿里巴巴创业初期，各位创业元老经常争论，有时候争论过了头，个人情绪化的问题都爆发了出来。为了避免因为这些争论影响团队的合作，阿里巴巴制定了一个原则——简易。要求非常简单，我对你有意见，我就应该找到你，找到门口，谈两个小时，要么打一场，要么闹一场，我们俩把问题解决掉。如果你对我有意见，你不来找我，而去找第三方的话，你就该退出这个团队。

随着阿里巴巴的不断发展，面对面的直接交流已不可能。为了保持整个团队的无障碍沟通，阿里巴巴充分利用了互联网的便利。马云在一次演讲中说道："我们反对在内网实行匿名制。我们倡导的是open的文化，匿名制只会使人与人之间互相怀疑、猜测，他可以很不负责任地说一些很不负责任的话，或者他说的话是负责任的，但他又不愿意说他是谁或别人是谁，而使公司的员工都会在猜测。阿里巴巴是所有员工的，是股东也是我们会员的。我们没有什么话不可以说。现在我们开设了一个open@alibaba-inc.com的信箱，大家可以不落名。我们很欢迎大家来信，并且保证一定有答复。"

企业是个有生命的有机体，而沟通则是机体内的血管，通过流动来给组织系统提供养分，实现机体的良性循环。如果缺乏沟通，或沟通不畅，将会给企业造成巨大损失。马云正是因为认识到了这一点，所以十分注重内部沟通。因为有健康的沟通文化，阿里巴巴没有小的利益集团，也没有利益集团的相互斗争，人们相处轻松愉悦，促进了整个团队的健康发展。

赢在执行

对一个企业而言，最重要的一点是营造一个融洽、快乐的环境，在管理的架构和同事之间，可以上下公开、自由自在、诚信地沟通，提高整个企业沟通的影响力和执行力。

员工有效协作沟通具有4个特性：双向性、明确性、谈行为不谈个性以及善用非语言沟通。

1. 双向性

大家在工作和生活当中，常把单向的通知当成了沟通。你在与别人沟通的过程中是否是一方说而另一方听呢？这样的效果非常不好，换句话说，只有双向的才叫做沟通，任何单向的都不叫沟通。因此沟通的一个非常重要的特征是：沟通一定是一个双向的过程。

2. 明确性

沟通由传送者发出信息，但必须由接收者有效接收才能起作用。所以发送者有责任必须发出明确的信息——用接收者易于理解的语言和传递方式来发出信息。

易于理解的语言必须是接收者能理解的，例如对水平不高的操作工人，用他根本听不懂的科技语言来传递，你认为“非常明确”，可是他一点也听不懂，接收效果不良，沟通无效。

易于理解的方式是指用简练语言告诉对方，这种方式当然“易于理解”，如果拿一大堆书面资料要他看，就不是“易于理解”了。应当注意选择传递形式：交谈、报告、电话、文件、书面材料、技术图纸、图表、统计表、电子资料、照片、录像、身体语言、暗示等。

3. 谈行为不谈个性

谈论行为就是讨论某一个人所做的某一件事情或者所说的某一句话。个性就是对某一个人的看法，即大家通常说的这个人是好人还是坏人。在工作中，大家发现有些职业人士在和自己沟通的时候严格遵循了这个原则，就事论事地和你沟通，显得有一丝冷淡。其实这恰恰是专业沟通的表现。大家经常在私下里议论某同事非常的热情，某同事非常的冷淡或者某同事非常的大方等，这些都不是在沟通中要谈论的。

4. 善用非语言沟通

非语言沟通是指沟通双方通过服饰、目光、表情、身体的动作姿态、声调等非语言行为和人际空间距离等进行沟通的技巧。在员工之间进行沟通时，仅仅用语言是不足以表达自己的想法和意图的，而非语言的沟通能帮助大家表达自己的感情，能帮助大家确认他们所说的与他们想表达的意思是否一致，能告诉大家他人对自己的感受，因此，非语言的沟通非常重要。一般来说，非语言沟通的方式包括语气语调、面部表情、身体姿势和手势、目光接触、身体距离等。

（1）目光接触的沟通技巧

俗话说："眼睛是心灵的窗户。"目光接触，是人际间最能达到传神的非语言交往。目光的诚挚来自内心的纯真，在交往中通过目光的交流可以促进双方的沟通。目光的方向，眼球的转动，眨眼的频率，都表示特定的意思，流露出特定的情感。正视表示尊重，斜视表示轻蔑，双目炯炯会使听者精神振奋。柔和、热诚的目光会流露出对别人的热情、赞许、鼓励和喜爱；呆滞的目光表现出对对方讲的话不感兴趣或不信服；虚晃的目光则表示自己内心的焦虑和束手无策；目光东移西转，会让人感到你心不在焉。交往中，员工们适当的目光接触可以表达彼此的关注，通常比较自信的人比缺乏自信的人更容易主动地进行目光接触，但目光接触过多又会增加对方的心理压力。沉默时，眼睛时开时合，对方就会猜疑你已厌倦谈话。因此，在人际交往中，眼神的作用万万不能忽视，平时工作中应该经常培养自己用眼睛"说话"的能力。

（2）体势的沟通技巧

体势包括体态和身体的动作、手势。在工作人际交往中，员工们的举手投足、回眸顾盼，都能传达特定的态度和含义。身体略微倾向于对方，表示热情和感兴趣；微微欠身，表示谦恭有礼；身体后仰，显得轻视和傲慢；身体侧转或背向对方，表示厌恶反感、不屑一顾。不同的手势也具有各种含义。比如：摆手表示制止或否定；双手外推表示拒绝；双手外摊表示无可奈何；双臂外展表示阻拦；搔头皮或脖颈表示困惑；搓手和拽衣领表示紧张；拍脑袋表示自责或醒悟；竖起大拇指表示夸奖；伸出小指表示轻蔑。有些手的动作容易造成失礼。比如，手指指向对方面部，单手重放茶杯，当着客人的面挖鼻孔、擤鼻涕等。同样的体势，不同角色的人去使用，其含义和给人的感觉是不一样的。比如，朋友之间别后重逢，拉拉手、拍拍肩，表示一种亲热的感情；领导、长辈对下级、晚辈拉拉手、拍拍肩，通常表示赞许和鼓励；如果下级、晚辈随便与领导、长辈拉拉手、拍拍肩，则被人认为是不尊重。

（3）语调语气的沟通技巧

常言道：“锣鼓听声，听话听音。”同一句话用不同的声调、在不同的场合说出来，可以表达出不同的甚至是相反的意思和情感。比如，员工在圆满完成了任务以后，领导对他说“你真行”，这是一种赞许；如果这个员工没有完成任务，领导对他讲“你真行”，这时的意思就大相径庭了，它是一种责备或嘲讽。所以，在人际交往中，恰当地运用声调，也是保证交往顺利进行的重要条件。在一般情况下，柔和的声调表示坦率与友情；高且尖并略有颤抖的声调表示因恐怖或不满、愤怒而导致的激动；缓慢、低沉的声调表示对对方的同情；不管说什么话，阴阳怪气就意味着冷嘲热讽；用鼻音和哼声则往往显示傲慢、冷漠、鄙视和不服，自然会引起对方的不快和反感。

因此，员工们可以从遵从有效沟通的四大特征，从而提高自己的沟通协作的能力，同时也提高个人的执行能力。

第十章

创新，用心才能做好

执行有两种状态：一是“用手”，二是“用心”。“用手”只是机械地执行，别人说什么我就做什么；“用心”则会全心投入，不只是简单地动手，而是时时想着如何才能做得更好，并付诸行动。用手做只能是停留在“做了”的层面，只有用心做，才能保证做好。

创新就是一个个地解决问题

我从不使用咨询公司，也很少理会学者的说法，因为他们的理论都是事后归纳出来的。创新绝对不是提前就设计好，按图索骥地一步步走下来。创新没有理论，也没有公式，就是一个个地解决问题。我相信，天下有1000个问题，就有1000个回答。

1994年年底，我在美国上网时发现当时的互联网上没有任何关于中国商品的信息，当时就有了稀里糊涂的想法，有一天能够把中国企业的信息放到网站上去，让老外查，让老外去帮中国企业做事情。

回到杭州，我咨询了大批的老师，他们都反对。我又请了我在夜校的24个学生在家里讨论，经过两个小时的讨论，23个人反对，只有一个人说你要试试就试试看，我就决定试试看。到工商局注册公司的时候，我花了一个多小时解释互联网公司是什么，工作人员却说这个在字典里没有，于是我建了杭州第一家电脑资讯服务公司。我的创业正是从这家公司开始的。

从一开始，我们就定下了通过电子商务帮助小企业的战略，今天看来这是成功的。如果你要问我，阿里巴巴怎么这么厉害，怎么这么早就预测到电子商务？我要告诉你，其实当时我们没有其他路可走。当时的网络经济模式只有三种：做门户网站，没钱没资源；游戏网站，我不想要小孩子们泡在游戏里；所以我们只能做电子商务。

支付宝，现在看来也是一个很成功的创新，但在我这里，也是被逼出来的。淘宝当年做得很热闹，但是没办法交易，中国的网上诚信现状逼迫我们必须解决支付的问题。但是，这个事儿得国家发牌照，我们做还是不做？大的国有银行不愿意涉足这个领域，但是他们不做，花旗银行、汇丰银行这些外资银行就会做。

那年我参加会议的时候，听一位领导人讲："什么让你创新和做出对未来的决定？那是使命。"所以我告诉同事们，我们做支付宝。但是我会每个季度向央行等有关部门报告我们到底怎么做的。要做得干净，做得透明。

支付宝的模式其实也谈不上创新，甚至很愚蠢，就是"中介担保"，你买一个包，我不相信你，钱不敢汇过去，就把钱放在支付宝里面。收到包后，满意了中介就把钱汇过去，不满意就通知中介把钱退回去。和学者们谈到这种想法时，他们说："太愚蠢了，这个东西几百年以前就有。早就淘汰了，你干吗还要做？"

但是，我们不想去创造一种新的商业模式，只不过是为了解决很现实的问题，至于它在技术上有没有创新，那不是我们关心的话题。经过几年的"盲人骑瞎虎"，到今天为止，支付宝的用户已经突破5.6亿人。

——摘自《马云2011年3月〈创新的源泉〉演讲》

马云在行动

在这场名为《创新的源泉》的讲话中，马云坦言无法给出创新的定律，因为创新不是设计出来的，而他自己的一次次创新经历也是被“逼”出来的。企业要在21世纪有发展，这四个要素必须具备：开放、分享、责任和全球化。

在业界，马云也被人评价为“不走寻常路”之人。有人曾说：“中国互联网这10年里迅猛发展且又变幻莫测，有不少能够经得起大风暴，又独具判断能力的成功人士，其中的代表就是马云。”马云有着料事如神的独到眼光和创新能力。他总是能够运用他准确、锐利的洞察力，总能比同时期、同行业的人棋高一筹。

2013年5月，马云被胡润研究院评为“2013中国十大创新企业家”，并名列榜首。被胡润研究院评选为“十大创新企业家”的马云、马化腾、任正非等人，都是在各自的领域中，拥有独特的创新精神，并通过创新带领企业的发展和繁荣，从而引领了整个行业的方向。

胡润研究院对马云的评价是“创立了阿里巴巴，引领了中国的电子商务行业”。而且，在胡润研究院推出的中国品牌榜百强名单中，淘宝、天猫和支付宝这三个上榜品牌都是由马云创造的。

在马云看来，要创新必须扛得住压力，挡得住诱惑，耐得住寂寞。他最早被人说是骗子，到后来被说成疯子，到今天被称为狂人，但不管别人怎么说，阿里巴巴始终相信自己，他不会在乎别人怎么看待，只在乎自己怎么看待这个世界，如何按照既定梦想一步一步往前走，这是做企业或者做任何事一定要走的路。

有人曾说，因为阿里巴巴的B2B没有被世界认可，马云推出了C2C；又因为他的C2C也没有被认可，所以阿里巴巴并购了雅虎的引擎。这些都是外界的猜测而已，马云认为中国的电子商务在未来几年一定会出现突破性的发展，也许是3年，也许是5年，电子商务在中国一定会超越美国电子商务的模式，这是他坚持的判断。

赢在执行

石油大王洛克菲勒说过："如果你想成功，你应辟出新路，而不要沿着过去成功的老路走……即使你们把我身上的衣服剥得精光，一个子儿也不剩，然后把我扔在撒哈拉沙漠的中心地带，但只要有两个条件——给我一点时间，并且让一支商队从我身边经过，那要不了多久，我就会成为一个新的亿万富翁。"

创新首先是一种态度，而不仅仅是建立一个强大的研发中心，或者拥有庞大的研发人员那么简单，重要的是把创新延伸到整个公司，是适应新的市场需求，不断拿出更好的产品，不断满足人们对产品价值的要求。

美国家乐公司的起家正是因为创新。该公司首创了早餐麦片，引发消费麦片的潮流。其后，家乐公司以它质量可靠、供货稳定等特点，在美国市场傲视同行长达20多年，其地位无人匹敌，公司也是大赚特赚。但是，家乐公司沉浸于自己的美梦而渐渐丧失了进取精神。到了20世纪70年代末，人们的消费习惯随着时代的发展起了变化，家乐公司在丰厚利润的掩盖下，没有注意到这种变化，也没有采取新措施以适应新的形势。

当家乐公司还在万事大吉的神话中睡觉时，它的竞争对手向它发起了进攻。美国的通用磨坊、通用食品等公司通过充分的市场分析，了解了新的消费群、新的消费口味，并有针对性地推出新口味、新品种、多类型的价格便宜的麦片。它们不仅在产品上创新，而且采用了新的宣传方式，大搞促销活动。结果，产品一经推出就大受欢迎，成为市场上的抢手货。

市场是非常残酷的，消费者很容易喜新厌旧，新产品给了家乐公司迅猛一击，在毫无准备的情况下，家乐公司的市场占有率从过去的80%以上急剧下降到38%。

在现代社会，最具创新力的企业，才能赢得最多的利益。家乐公司由于后来疏于对产品的创新，没有跟上时代的变化，导致的结局只能是产品被淘汰，甚至公司走向破产。其实，任何企业都应该明白，要懂得独辟蹊径，不走寻常路，善于创新，这样才能稳赢不败。

创新是一种观念。一个人如果没有强烈的“创新”观念，不能时时刻刻想到创新，不能时时刻刻注重创新，那么，创新自然也就成了一句空话。所以，在进行创新之前，首先要解决观念创新问题，如果根本接受不了，更不用说去做了。古人说“不谋全局者，不足谋一域；不谋万事者，不足谋一时”，说的就是“思路决定出路”，而思路的形成离不开观念的创新。

那么，怎么样才能做到不断创新呢？下面有几个可行的方法：

第一，加强学习，注意训练。要做到创新思维，就要加强学习。同时，在学习的基础上，注意加强思维方面的训练，开发自己的智力。平时，在工作当中遇到问题，要养成经常问自己“到底应该怎么办？”的习惯，从而给自己思维施加压力，使思维保持在灵活状态，一旦注入要素，就能确保正常运转。

第二，对自己的工作要经常系统思考。系统思考是指从全局性、层次性、动态性、互动性等方面综合考虑问题的一种方法，系统思考将引导人们产生一种新的思路，使人们从复杂细节中，抓住主要矛盾，找到解决问题的方法。

第三，另辟蹊径，深入开掘。对同一事物、同一问题，不要人云亦云，拾人牙慧，尤其是对一些司空见惯的问题，更不可一味“老生常谈”，重复他人说过无数遍的话，而应有一些自己独到的认识和不同的看法。

第四，要有批判意识和怀疑精神。批判意识或怀疑精神是创新的重要条件，看问题的时候多一些怀疑、多一些批判，有助于进一步提出更好的解决问题的办法。

突破定式，变通执行

创新这个词大家很熟悉了，全世界全中国都在讲创新，但是创新到底是什么？你创新了吗？你做完以后，人家说，哇！你好创新。但是创新是做完以后才发现的事情吗？你在做的时候知道在创新吗？其实创新是寻求变化的一条路。

——摘自《2008年3月湖畔学院讲话》

前些天，我组织公司的一些高层看《历史的天空》。这是一部很好的电视剧，讲述了一个农民如何逐步成长为将军的故事。主人公姜大牙一开始几乎是个土匪，但是通过不断学习、实践，不仅学会了游击战、大规模作战、机械化作战，而且还融入了自己的创新，最终成为一个百战百胜的将军。

与众多的中小企业一样，阿里巴巴也希望员工像姜大牙一样，不断改造，不断学习，还要不断创新，这样企业才能持续成长。

——摘自《马云：文化是企业的DNA》

马云在行动

人类心理活动的普遍现象是，长期习惯于按“一定之规”考虑问题，懒于进行创新思考。而创新是人类社会进步的客观要求，这需要付出极大的努力，摆脱并突破一种思维定式的束缚。

人的一生充满无数未知，只凭一套生存哲学，便欲轻松跨越人生所有关卡是不可能的，想要轻易越过人生中的障碍，不断突破自己，向未来更美好的领域迈进，就需要学会用打破常规的智慧与勇气来变通。作为跨越生命障碍、走向成熟的重要一步，变通是一门生存智慧，更是一门学问。

变通的最大敌人就是“定式思维”，即常规思维的惯性，又可称之为“思维定式”，这是一种人人皆有的思维状态。当它在支配常态生活时，还似乎有某种“习惯成自然”的便利，所以不能说它毫无益处。但是，当面对创新事物时，如若仍受其约束，就会形成对创造力的障碍。

阿玛尔·毕海德是美国芝加哥大学中小企业创业课程客座教授，他说：“我曾经在硅谷等地做过一些演讲，当时，有人告诉我，创新就是生产力的提升，现场很多人都同意这个观点，但是我想，创新并不是精英人群引领的事物，并不只是技术专利的申请，或者论文发表的数量，或者你的公司是否在纳斯达克上市这样一些看上去很光鲜的事情。”

他认为，只关注产品创新或者单纯模仿的项目，都并不是创新。“我觉得消费者这个层面是非常重要的，一些经济学家和政策决策者，很多时候却都忽略了消费者这个因素，但很多创新受益者并不是生产者，而是消费者。”

在管理学家和经济学家们眼中，创新都是企业的高层次活动。但是创新仍然需要讲究策略。至少我们相信，在熊彼特所提到的几种创新方式中，仍然是有不同的权重的。

打破某些规则，可能是属于一种终极的创新方式，带动所有的产业方式发生整体变化。这种方式，也许是激烈的变革，单就组合方式的生产力来说，却可能是最有力量的。

新产品和新技术的发明，虽然是最看得见、摸得着的创新，却因为成本和管理的难题，很可能被湮没无闻。实际上全世界每天都在产生成千上万的新专利技术，它们中大部分只是作为专利局的陈列品而已，根本不会对商业发生猛烈的冲击，甚至连影响都可能没有。

赢在执行

一个公司只有一大批敢于创新，挑战规则，适应规则的员工，才能有无穷的文化凝聚力和竞争力。让整个团队和企业无往而不胜。

美国MIT多媒体实验室主任尼葛洛庞蒂说：“我们在招人时，喜欢招不循规蹈矩地做事情的那些人。这些人往往很有创造性，对事物很警觉，反应非常机敏。遇到问题，往往能够主动思考，这样的员工才是推动企业发展的关键力量。”可见，只有善于动脑，勇于创造的员工才是现代企业的最爱。一个缺乏创造性的员工能被企业所淘汰。聪明的人都是善于创新的人，那么如何做到这些呢?

（1）换个思路想问题。我们无法改变生存的外在环境，但是我们可以转换一下自己的思维，适时改变一下思路，只要我们放弃了盲目的执着，选择了理智的改变，就有可能开辟出一条别样的成功之路。

（2）经验成了我们判断事物的“金科玉律”，随着知识的积累、经验的丰富，这些“金科玉律”使我们变得越来越循规蹈矩，越来越老成持重，要找到新方法，我们就必须甩掉“金科玉律”的束缚。

①走出囚禁思维的栅栏。形成创造力自囚的“栅栏”，通常有其内在的原因，是由于思维的知觉性障碍、判断力障碍以及常规思维的惯性障碍所导致的。

从自囚的“栅栏”走出来，还创造力以自由，首先就要还思维状态以自由，突破常规思维。在此基础上，对日常生活保持开放的、积极的心态，对创新世界的人与事，持平视的、平等的姿态，对创造活动持成败皆为收获、过程才最重要的精神状态。这样，我们将有望形成十分有利于创新生涯的心理品质，并使得有可能产生的形形色色的内在消极因素及时地得以克服。

②抛弃传统的想法。传统的想法会冻结你的心灵，阻碍你的进步，干扰

你的创造能力。以下是对抗传统性思考的方法。

a. 要乐于接受各种创意。要摒弃“不可行”“办不到”“没有用”“那很愚蠢”等思想渣滓。

b. 要有实验精神。废除固定的例行事务，去尝试新的餐馆、新的书籍、新的戏院以及新的朋友，或是采取跟以前不同的上班路线，或过一个与往年不同的假期，或在这个周末做一件与以前不同的事情等。

c. 要主动前进，而不是被动后退。成功的人喜欢问：“怎样才能做得更好？”

d. 抛弃传统的想法不仅要求打破传统思维，建立理性的思维，还要求人们敢于幻想。

③学会多维思维。要学会从三维的空间和一维的时间观察和理解人与环境，善于从关系中认识自己，知道自己在环境里处在怎样的网络位置上。这种多维的取向并非是要你去尝试各种职业或各种生活方式，而是要你从个性的种种要素上充分地鼓励自己，培育自己，挖掘自己的潜力。

标新立异，永远不做大多数

你要走的路还很长，也许你要有心理准备，你可能是屡战屡败，即使屡战屡败还要走下去。我听你讲的有点像县委书记讲形势报告，听起来全对，但不知道怎么做。

你的问题听起来不独特，你非常捍卫自己的内容，讲的都是对的。我讲的话也许是错的，但我一定是自己真实的想法，我不担心是错的，我今天想法就是这个。

所以一个项目、一个想法如果不够独特的话，很难吸引别人，你这个项目竞争会很大，而且我感觉，你讲的东西从项目到计划，到你刚才讲话的所有逻辑，我找不出错误的东西，我就觉得一定是错误的，这是我的想法，回去想想。

——摘自《马云：〈赢在中国〉点评》

马云在行动

在《赢在中国》第二赛季晋级赛第四场中，参赛选手张维勇的项目是感应洁具的生产与销售，同时为客户提供专业的节水解决方案。

张维勇设计的感应水龙头多加了一个功能——长通按键。但事实情况却是感应水龙头的家庭用户并不多，去掉了长通按键的功能后开始大批量生产，结果新生产的1000套产品两三个月销售一空。公司成立之初，张维勇复制别人业务员制的销售模式，结果，消费者购买的时候更偏向于直接到厂家订购。另外，经销商无序竞争、窜货等现象非常严重，很少投入精力去推销产品。可以说这都是跟着别人的方式来创业。

在马云看来，做生意如果“做小了，就一定要做到独特”。亦步亦趋，永远跟在别人后面是做生意最忌讳的。

关于经商，古人曾经总结过这么一句话：人无我有，人有我优，人优我特。日本企业界曾提出这样一句口号——做别人不做的事，意思就是说做生意一定要标新立异，永远不做大多数。

标新立异，不做大多数，就是要凭着你自己对社会的理解和看法去解读世界、塑造生命。这是一种成功的捷径，也许会在你猝不及防的时候给你以惊喜，帮助你成就别样的人生，活出独特的自己。

标新立异，永远不做大多数，是创业者们成功的前提。因为，在看似特立独行的行为轨迹中，我们生命的潜力会得到最大限度的开掘，而只有这样，我们才能拥有更多获得成功的机会。

赢在执行

当今时代是个充满竞争与挑战的时代，几乎所有创业者都感觉到创业的艰难。但凡事都有两面，对有些人来说，生意越难做，就越有钱赚，因为他们总能棋高一着，靠自己独具匠心的产品和服务吸引顾客的眼球。

26岁的温州青年陈君毕业后一直在父亲的服装厂里工作，血气方刚的他一直想着能创办一家属于自己的公司，但始终没有找到合适的机会。

一天晚上，闲来无事的他把电视机打开，很快便被一部韩国电视剧给深深吸引住了。剧中的男主人公因故和初恋女友分手，直到30多年后，两人才在一个偶然的场合相逢，情景十分感人。

看完电视剧后，躺在床上的陈君久久不能入睡，满脑子都是电视里的情景：初恋，是甜蜜的、美好的、难以忘怀的，对于昔日的情人——数十年前跟你在机场洒泪挥别的情人，流着眼泪依依不舍地离开的情人，曾跟你相互追逐、嬉笑捉弄的情人，时常浮现脑海深处的情人——一旦重逢，那是多么令人感动、令人兴奋的事啊！

岁月匆匆，红颜易老，但是人们仍然会期待与昔日的恋人再一次相遇，以便拾回青春时代那些美丽的影子，这样也就等于找回了自己的当年，找回了自己的青春……

想着想着，陈君的大脑中突然闪过一个这样的念头——如果自己开一家专门替人寻找初恋情人的公司会不会大受欢迎呢？想到这里，陈君激动得立马从床上爬了起来。

陈君是一个敢想敢做的人。第二天他就注册了一家专门为人寻找初恋情人的公司，公司名叫“FL服务公司”，由Find和Love中的“F”、“L”组成，表示“搜查和爱情”的意思。一个月后，他的公司正式开张了。

果然不出陈君的预料，公司开张后，生意好得出奇。当他把“替您寻找初恋情人”的广告刊登在报纸和杂志上时，头一天就接了100多单生意，以后平均一天有70单。按每单收费500元来算，一天的营业额就高达35000元。

后来随着公司逐渐成熟，陈君还开展了一些专门替人寻找失散亲人、老同学、老战友之类的公司，用陈君的话来说，就是通过帮助别人获得感情慰藉或弥补感情创伤以赚取相应的报酬。

有句老话叫作："夫唯大雅，卓尔不群。"其实就是在告诫我们，无论是做人还是做事，都不应该做大多数。从陈君的经历中可以看到，想要在市场中赚大钱，想要出奇制胜，你就必须超常规经营。新市场的开发，依赖于极其宝贵的预见。观察并捕捉潜在的商机，见人之未见，为人之未为，便能赚别人所不能赚之钱，坐拥天下财。

在创新的同时也创造价值

经过数月的思考及准备，集团决定从2011年6月16日起把淘宝分拆为三家公司。三家公司为：一淘网（www.etao.com），淘宝网（www.taobao.com）和淘宝商城（www.tmall.com）。这次分拆影响重大，所以我向大家汇报主要的出发点和意义。

第一，全球互联网和电子商务的形势发生了巨大的变化，我们决定把大淘宝战略提升为"大阿里"战略。近两年来，互联网在搜索、SNS（社区化）和电子商务领域里发生了格局性的变化，新公司层出不穷。2009年启动的大淘宝战略取得了阶段性进展，初步建立了一个强大的以消费者为中心的网购生态系统。为了更好地适应今天行业的快速发展，集团决定提升大淘宝战略为大阿里战略。

大阿里将和所有电子商务的参与者充分分享阿里集团的所有资源——包括我们所服务的消费者群体、商户、制造产业链，整合信息流、物流、支付、无线以及提供数据分享为中心的云计算服务等，为中国电子商务的发展提供更好、更全面的基础服务。大阿里战略的核心使命仍是建设开放、协同、繁荣的电子商务生态系统，促进新商业文明。

第二，客户的需求发生了很大的变化。一方面，网上消费购物在淘宝的引导和努力下已经从生活的补充变成了生活的必需，我们要为消费者提供更专业和个性化的服务。另一方面，随着内需的展开和企业的转型，越来越多的企业将会使用电子商务来服务客户，他们需要的支持和服务也今非昔比了。

所以我们必须从以淘宝网为主的消费者平台升级为“无处不在”的供需双赢的消费平台。这新平台将由阿里巴巴B2B和三家“Tao”公司一起完成对不同客户的服务：我们希望一淘网的购物搜索，淘宝网价廉物美的社区化创新以及淘宝商城的精品专业体验给消费者以全新的感受；同时，也能更加专业化地帮助更多企业和创业者开展积极的电子商务服务和营销。

第三，新商业文明的建设必然要求企业内部管理发生根本性变化，我们必须主动创新。阿里公司在短期内发展成那么大，但竞争优势不是凭个子大。我们必须在组织结构上不断尝试和创新，才能摸索出适合互联网发展的新型企业管理的思路和模式，保持创造力和先进性。

阿里的惯例就是把大公司化成小公司来做，这样才能建立更加创新的机制，才能让更多的年轻人和新同事成长起来，在“小”环境里让大家有更多机会展示才华和能力。

第四，我们相信淘宝分拆能创造更大的产业价值、公司价值和股东利益，今天的分拆看起来似乎令淘宝失去规模优势，从“有”变成了“无”，但这是无处不在的“无”！我们把淘宝融入到大阿里战略的核心，将为整个行业和集团的发展创造巨大的价值，给无数电子商务的从业者更多公平竞争和发展的机会。

我们坚信，中国电子商务发展得好和阿里可能没有太大关系，但发展得不好和阿里一定有关系，今天阿里的整体利益一定是和整个行业的规模和未来一致的。我们不排除未来集团整体上市的可能性，让一直相信和支持我们的员工和股东们分享成果。

——摘自《马云2011年写给员工的内部邮件》

马云在行动

“创新固然重要，但有用的创新更重要。”创新是手段但不是目的，只有其成果应用于实践并产生实际的价值，这样的创新才是有价值的，否则就只是浮于表面的天马行空的想象，只能是对资源与时间的浪费。在这一点上，马云做得很好。

马云在2005中国经济年度人物评选创新论坛的演讲中谈道：“阿里巴巴要帮助中小企业成功。这个思想从哪儿来呢？我记得应邀到新加坡参加亚洲电子商务大会，我发现90%的演讲者是美国的嘉宾，90%的听众是西方人，所有的案子、例子用的都是eBay、雅虎这些，我认为亚洲是亚洲，中国是中国，美国是美国，美国人打NBA打篮球打得很好，中国人就应该打乒乓球。回国的路上我觉得中国一定要有自己的商务模式，是不是eBay我不知道，是不是雅虎我也没有看清楚，但是如果围绕中小企业帮助中小企业成功我们是有机会的。”

马云从中国实际出发的这种认识，促使他在最初构思的时候，就确定了阿里巴巴要从中国国情、从阿里巴巴自身的特点出发，提出了这样的创新之路：阿里巴巴成立的目的“是通过互联网帮助中国企业出口，帮助国外企业进入中国；考虑到推动中国经济高速发展的是中小企业和民营经济，因此选择中小企业作为自己的主要服务对象这一创新之路”。

从实际出发思考创新之路的马云，同样坚持着创新要为客户创造实用价值这一理念。

阿里巴巴推出的即时聊天工具阿里旺旺，虽然聊天功能不如QQ强大，却是针对网上交易而出现的，很多的功能体现的是网络交易交流的特点，方便买卖双方的沟通。它符合会员自身的实际需求，因此推广以来得到很多会员的认可和接受。

收购雅虎中国后，马云谈到新雅虎中国的设计时说："酷不是本质的东西，酷对我来说很难，我就是这样子的，我们酷就是做我们自己的东西，我们不希望创造酷的雅虎，创造更为实用的雅虎可能更重要。"

同样在谈到支付宝的设计时马云说："阿里巴巴的任何技术创新管理都不是追逐市场，而是追逐客户。淘宝有660万用户，淘宝所有的服务都是专注于这些用户的。阿里巴巴不在乎技术创新好不好，但技术创新要为客户服务。支付宝没有什么技术创新，但是管用！"

诚如马云所言"解决问题是最重要的"。一个产品最重要的是其实用价值而非其他，不管是纯粹的有形商品还是纯粹的无形商品或者是两者的混合，人们之所以选择它就是为了解决问题。很多创新研究都强调创新的技术内涵而不是客户真正体验到的东西，但这种创新往往是毫无意义的。我们强调创新，但更强调实用的创新。

赢在执行

执行力是企业良好运营的保证，是所有员工的工作指南针，一个企业生存和发展的关键在于执行力是否到位，因为要完成企业的最终目标，就要靠执行把企业发展蓝图变成现实。因此执行力是以结果为导向的重要载体，是企业发展的内在动因，也是企业不可复制的竞争优势。

哈佛商学院终身教授迈克尔·波特认为："单纯的、无明确目的的技术变革并不重要。标新立异的企业获得成功的关键，就是找到为买方创造价值的途径，增强企业独特性，使企业获得的溢价大于增加的成本。”

曾经重拳推出的第五季饮料，被健力宝集团轰轰烈烈地宣传过，无论是在产品名称上，还是在包装上都采取了与常规不同的创新，然而其推广没有成功，消费者并不认可，最终惨遭市场淘汰。这是为什么呢?

一年只有四季，“第五季”这个名称确实够新鲜，够创新，够差异化。但是，仅仅是名称创新，品质并没有与竞争对手区别开来，消费者不会只为这个新名字而埋单。

娃哈哈曾经推广过一款叫“维生素水”的饮料。研发者认为，含维生素的水肯定好于那些不含维生素的水。但市场反馈的情况是：注重维生素的消费者会选择果汁类型的饮料，不管商家怎么说，消费者都认定果汁饮料要比维生素水更具维生素、更好喝。

为了创新而创新，注定是要失败的。企业的创新战略，一定要立足于消费者的需求，以期最大限度地获得顾客的理解和认同。

华龙面业六丁目方便面的成功就在于运用差异化战略，牢牢地把持住低档面市场。低档面市场是方便面巨头康师傅与统一暂时不愿意进入的市场，但这个市场需求量非常大，虽然有众多本土方便面企业进行恶性竞争，但各区域市场上始终没有强势品牌。

华龙面看到了产品差异化契机：绕开与行业巨头的竞争，全面进入低档面市场；打造强势品牌，采取低价策略，从而击败众多本土品牌，确定霸主地位。针对中原人尤其是河南人爱面食、市场基础特别好，但对方便面性价比非常敏感的需求特点，华龙推出零售价只有0.4元/包的六丁目，以“惊人的不跪（贵）”成功实施差异化战略。

随着广告的大力宣传，六丁目出奇制胜进入老百姓内心，受到老百姓空前的追捧，一举成为低档面的领导品牌，年销量达六七个亿。

顾客需求是市场的灵魂。从市场营销的角度讲，每一种需求都可以成为创新的出发点。但是，并不是每一种创新都能获得市场认可，只有准确把握目标顾客的关键需求，创造出顾客所期望得到但竞争对手尚未提供的利益，才能获得巨大成功。所谓顾客关键需求，就是对购买决策产生重要影响的利益需求。

第十一章

悉力以赴，逢敌亮剑

竞争不是洪水猛兽，竞争是一种积极的状态。身处于竞争之中，我们可以把对手当作磨刀石，与之较量就是不断打磨自己的过程，直至把自己打磨得既锋利又明亮。

在事情变坏之前自己制造变化

阿里巴巴几乎每天都要面对各种各样的挑战和变化，我以前总是强迫自己去笑着面对并立刻准备调整适应。而今天，我们不仅会乐观应对一切变化，而且还懂得了在事情变坏之前自己制造变化。

拿最近的热门话题雅虎和eBay在美国的合作来说，正是因为看到了未来全球互联网的竞争格局和如何让用户和企业利益的最大化，我本人也积极地倡导和参与推进了这次的合作。

商场不是战场，商场上是对手不是敌人。商场上没有永久的对手，也没有永久的朋友。走向竞争合作的产业才是走向成熟的表现，只有一个成熟的产业才能诞生一批成熟的企业。

阿里巴巴有责任推进这样的进程，决不像外面的专家们说的那样，我们目前处于被动局面！我希望在未来的中国互联网发展中，我们也能参与到这样的竞争和合作中去。

我上次和大家在交流中说过，人要成功一定要有永不放弃的精神，人生最大的失败就是放弃，绝大多数人却是在变化中放弃的，其实非常的可惜和遗憾。

——摘自《马云：拥抱变化》

马云在行动

关于竞争，马云在接受采访时曾说：“商场如战场，但商场不是战场。战场上只有你死我才能活，商场上只需不断地学习。很多企业一上手就是‘杀人’，杀这个，杀那个，到最后变成一个职业杀手。天天忙着杀人，他成不了世界一流高手。一流高手眼睛里面是没有对手的。心中有敌，天下皆为你的敌人，心中无敌，则无敌于天下。”

实际上，竞争并不排斥合作，竞争对手之间同样可以在不损害各自竞争优势的前提下，结成战略联盟。通过合作，双方不仅可以共同分担产品开发的成本与风险，获取规模经济效益，还能共享资源与人才。如此一来它们就可以更快地向市场推出更具竞争力的产品，或与更大的竞争对手抗争。

2013年5月，对于加多宝与王老吉的商战，马云评价：“斗必输，和必赢。”他认为：①一定要争得你死我活的商战是最愚蠢的。②眼睛中全是敌人，外面就全是敌人。③竞争的时候不要带仇恨，带仇恨一定失败。④竞争乐趣就像下棋一样，你输了，我们再来过，两个棋手不能打架。⑤真正做企业是没有仇人的，心中无敌，天下无敌。致加多宝、王老吉！

马云向来不害怕竞争并且喜欢挑战强者，但并不表示他不会与对手合作。在淘宝网与eBay针对中国市场的竞争激战正酣时，却传来了雅虎和eBay双方建立为期数年的战略合作伙伴关系的消息。

所以很多人认为淘宝网将会在与eBay的竞争中由于雅虎的介入而受影响，但是马云针对这个情况做出了这样的表示：两者的合作不会影响到淘宝的发展。雅虎在阿里巴巴不过是个投资者，决策还是由阿里巴巴来做，而雅虎中国已经是一个独立的法人实体，美国雅虎的合作不会影响到中国的业务。

更令人意想不到的是马云参与促成了雅虎与eBay的合作，马云在双方的合作中扮演了牵线搭桥的角色。对此马云有自已的看法：在竞争中有合作是未来互联网市场的发展趋势。他说："我希望能够在美国出现这样的先例后，中国市场也能够随即引进这种状态。未来不排除阿里巴巴与竞争对手的合作，淘宝与易趣，淘宝与百度，淘宝与谷歌，都存在这种可能性。"

有时候无谓甚至恶意的竞争，只能得到两败俱伤的结果，不把商场当作战场，就是学会良性竞争、合理合作，从而创造双赢的局面。马云在竞争中一直坚持合理竞争、文明竞争的底线。

赢在执行

商家历来视商场为战场，因而崇拜《孙子兵法》。商场竞争与《孙子兵法》诞生时代的诸侯混战，具有惊人的共同性。商场竞争与"春秋无义战"一样"弱肉强食"，竞争对手之间不是争夺市场份额，而是争夺"死生""存亡"。一些企业的兴盛，必然伴随着另一些企业的破产，这种迫切的危机感，会敦促我们从新的角度重新思考竞争。

企业之间的竞争是斗智。企业的竞争行为对外是争夺有利条件，对内是采用分散和集中的基本方法调度资源。但商场并不完全等同于战场。词典解释"战场"就是两军交战的地方，是敌我双方对峙的情势。商场则是聚集在一个或相连的几个建筑物内的各种商店工厂组成的市场，或是面积较大、商品比较齐全的超级大市场。

战场上对手是敌人，目的是扼制对方战斗力以获取胜利，战争的原则是最大限度地消灭对方，最好地保护自已；其结果是你死我活。而商场的对象是客户、朋友，其目的是通过交换，获取利润、财物、服务等，原则是必须遵守法律、道德、诚信和惯例；结果可以是亏、赢或双赢、多赢。

无论是战争、战役还是战斗，所围绕的都是一个目标战略利益，为了维护或获取己方的利益，在双方交谈不成的情况下发动战争。例如，德国、日本为自身利益掀起的“二战”等。而商场则不同，商场上的双方，无论利益大小多寡，都是在对双方都有利的情况下才能得以进行的，双方利益平等共享，即使此次买卖做不成，双方也会着眼于长远合作而不伤和气，正如俗语所云“买卖不成仁义在”，这也是千百年来中国商人所遵循的一贯原则。

这样看来，由于目标、原则、手段的根本差异以及所形成的场不同，战场与商场二者之间有着本质的区别。商场上虽有优胜劣汰，但绝不是战场上那般你死我活。

把对手当作磨刀石

我也可以预感到未来3年，我们的竞争非常残酷，无论是自觉也好，不自觉也好，我们惊动了全世界最强大的竞争对手。电子商务领域里面，eBay今天还是全世界最强大的竞争对手，我们也碰上了这世界上发展速度最快的公司谷歌，它也成为我们的竞争对手。国内互联网上的各大公司，新浪、搜狐、网易、QQ全部把我们当成竞争对手。

我们注意到传统领域想进入，而没法进入，我们所有的动作都成为它们高度关注的对象。像IT企业IBM、微软，未来3年到5年，我想告诉大家也会是我们的对手。所有的对手出手都可以让我们断一个胳膊、少一条腿，我们的形势非常严峻。

我现在称为4个公司，阿里巴巴、雅虎、淘宝、支付宝，如果这4个兄弟能手拉手、心连心，互相信任地敞开合作，四兄弟联合在一起，所有的员工围绕一个目标走，我们赢的概率比世界上任何一家公司都大。

——摘自《2005年5月阿里巴巴员工大会演讲》

马云在行动

在商场竞争中马云身上体现出了一股“狠”劲和“匪”劲，逢敌敢于亮剑，出招从来不按常理，在自己的实力还比较弱小时就敢于向eBay这样强大的对手挑战。马云没有选择逃避和退让，而是果断组织团队建立淘宝，主动出击攻打eBay，在竞争过程中，又身先士卒，采用神鬼莫测的攻势，使淘宝网这个C2C新兵战胜了行业巨人eBay。

马云无疑是一个敢于竞争的企业家，面对优秀强大的对手，他不但从不畏惧、反而更加勇敢、坚定，他理智地思考、分析、学习、超越。阿里巴巴之所以能走到今天，也是在竞争中逐渐蜕化成蝶的。

对此，马云形象地比喻道：“就像武侠小说里所描写的，一个有资质的人才总会在一次又一次的比武中得到一些非同寻常的顿悟，进而功力大增。”竞争不是洪水猛兽，竞争是一种积极的状态。身处于竞争之中，我们可以把对手当作磨刀石，与之较量就是不断打磨自己的过程，直至把自己打磨得既锋利又明亮。

在惨烈的商业竞争中，敢于竞争是创业者把公司做大做强的一种必然要求，一味妥协、退让，只能让你走向失败。

赢在执行

孔子说：“欲得其中，必求其上；欲得其上，必求上上。”如果你要求中游，就必须按照上游的要求去做；如果要求上游，就必须要用上上游的标准去努力。一个人的成就不会超过他的信念，把成功的标准定高一点，用高标准要求自己，才能出类拔萃。

电脑行业龙头企业联想的前总裁柳传志常常挂在嘴边的一句话就是："联想要做百年老字号！"将自己的企业办成"百年老字号"并不是每一个企业家都有勇气定下的目标，尤其是在我国科学技术还相对落后的国情下，谁敢说创百年老字号呢？但柳传志敢。

针对当时不少人对中国计算机产业"红旗到底能打多久"的疑问，柳传志在各种场合都阐述了同一个观点，联想应该是一个长久性的公司。对于联想来说，立长志是第一位的，联想绝不做短跑运动员——今年的利润很高，明年就垮掉。

1995年11月30日，联想惠州板卡基地举行开业典礼。在这个本应欢庆的日子，柳传志结合联想的志向与当时的形势发表了一篇语气颇为沉重的演讲：

"对于我们来说，现在正面临着大兵压境。我们曾经面临过八国联军，现在则变成了十二国联军、三十六国联军，这种感觉之所以如此沉重，是因为我们还来不及壮大自己就必须承受重压。我们现在是科技不如人家，奖金不如人家，基础不如人家，人才、奖金、实力统统不如人家，这个仗怎么打？民族工业到底怎样生存？现在我们还没有体会到收获的喜悦，但我们坚信今后会有收获！因为我们心中毕竟有一口气——中华民族要求进取的志气！"

"扛起民族工业这杆旗，将联想办成百年老字号，逐步融入国际竞争"，这就是联想的战略目标，也是柳传志的志向所在。

提到柳传志的志向，就不能不说起联想创业阶段的第一次"年终分红"。1985年年底，联想集团的前身——中科院计算所公司的20多名员工以"卖苦力"的方式赚到了70万元人民币和7万美元。按规定，这笔钱中的一部分可以作为"红利"分配给每个员工。根据当时中国人的收入状况来看，这笔红利对每个人都是很大的一笔收入，是相当有诱惑力的。在年终会议上，联想的创业者专门就这笔钱的分配进行了一次讨论。有人主张分掉，有人主张存起来……柳传志始终没有表态，等到大家都发表了意见，柳传志站了起来："首先，大家都清楚，这笔钱是大家流血流汗挣来的，对于它的处理一定要慎重。其次，我们办公司的目的是什么？是为了改善一下生活条件吗？还有，我们想不想得到长远发展？我们的'汉卡'靠什么去开发，推广？"短短的几句话，拨云见日，把大家的意见归为统一。正是在这次会议上，柳传志第一次明确提出了更大更强的志向。

像柳传志一样，我们应该把目标定得高一点，即使最终可能达不到这个目标，也会激励自己做得更好。

保持活力，学人长补己短

我们的对手是世界一流的对手，谷歌是1300多亿美金的公司，拔一根毛出来不知道多少公司被打下来。我们中午在开会，英文站点技术人员才18个人，18个人在扛着谷歌这样的对手。

我们要求公司各个部门给英文站点提供强有力的支持，因为65%营业额来自B2B，是这18个工程师在扛着。我们处在危机当中，必须在两三个月以内彻底扭转这个局面。阿里软件、淘宝、支付宝、雅虎中国，我们要抽调优秀的工程师到这个团队里面，特别是阿里软件，有多少工程师，举手给我看看？今天B2B老大第一个站到拳击台上，对不对？这是真正世界性的拳击台，马上要上去。

我们要配置好优秀的人才，要配置好优秀的肌肉，拳击套、牙套要戴好。阿里软件，抽你们的人，别说不。我们今天需要志愿兵一样跨过去，淘宝、支付宝、雅虎，全部要有这样的心态。我们今天全力以赴派第一批志愿军进入到B2B，为我们的国际网站。

明枪暗箭越来越多，QQ的实力大家都知道，百度的实力你们也知道，谷歌的实力也知道。阿里巴巴是强大，但我们对手也是世界一流、中国一流。QQ应该讲是世界一流吧，IM（即时通信）谁玩得过它；谷歌是世界一流；百度股票涨到200多美金。告诉大家，碰上优秀的对手，首先你很幸运。淘宝很运气，阿里集团很运气，我们今天碰到的对手是世界一流的对手，我们要学习他们、超越他们。

我想告诉大家，我们的模式并不比他们差。我认为电子商务和互联网最强大的两大模式，第一个是门户，第二个是搜索引擎。到目前为止，真正Web2.0商业模式运用最好的，不是靠广告，而是靠交易赚钱，就是eBay和淘宝。

——摘自《2007年与“五年陈”员工的交流讲话》

马云在行动

马云强调竞争要选择优秀的竞争对手，不要选择地痞流氓，而把这个竞争对手打成流氓你就赢了。发现对手的时候，一定要以开放的胸怀、眼光分析对手的独特竞争力是什么，核心理念是什么？实际上，天下没有对手能够杀得了你，只有你自己杀自己。

阿里巴巴今天的成熟，与其当年与eBay及其他对手的较量不无关系。淘宝与世界级巨头eBay相比，淘宝是后起之秀，与eBay差距甚大。2003年5月淘宝成功上线，7月份阿里巴巴宣布1亿元人民币投资淘宝，11月推出网上实时通信软件贸易通（现在的阿里旺旺）。当时淘宝在C2C市场的主要竞争对手为eBay易趣，2003年eBay易趣在C2C市场份额高达90%左右，并与中国主流门户签订排他性的广告协议。但这并未阻止淘宝的发展，凭借“免费模式”的推出，以及对于用户体验的关注及提升，淘宝网迅速聚拢人气。

2005年10月，阿里巴巴宣布再向淘宝网投资10亿元人民币，淘宝网继续免费3年。从市场份额来看（据易观国际数字）：2005年年底，淘宝C2C市场份额57.74%，eBay易趣31.46%，拍拍网3.76%；2008年年底，淘宝C2C市场份额86%，拍拍网7.2%，eBay易趣6.6%。

马云对阿里巴巴的对手所持的态度是：尊重、欣赏、学习！他认为竞争是件好事，因为市场上的竞争者越多，就说明市场越大，机会也越多。马云将竞争对手当成“竞争队友”而加以感谢，因为在竞争中，自己可以从对手身上学到其长处以补已之短，使自己保持活力不断向前。

赢在执行

关于竞争，有一个著名的“鲇鱼效应”：很久以前，挪威人从深海捕捞的沙丁鱼，总是还没到岸就已经死了，渔民们想了无数的办法，想让沙丁鱼活着上岸，但都失败了。然而，有一条渔船总能带着活沙丁鱼上岸，他们带来的活沙丁鱼自然比死沙丁鱼的价格贵好几倍。这是为什么呢？这条船又有什么秘密呢？原来，他们在沙丁鱼槽里放进了鲇鱼，而鲇鱼是沙丁鱼的天敌，当鱼槽里同时放有沙丁鱼和鲇鱼时，鲇鱼出于天性会不断地追逐沙丁鱼。在鲇鱼的追逐下，沙丁鱼拼命游动，激发出内部的活力，从而能够活下来。

“鲇鱼效应”的道理非常简单，就是通过竞争来激发自身的活力，从而取得不断向前的动力，这也证明了，遇到优秀的对手，是很幸运的事。许多人都把对手视为心腹大患，是异己、眼中钉、肉中刺，恨不得马上除之而后快。

其实，能有一个强劲的对手，反而是一种福分，因为一个强劲的对手会让你时刻都有危机感，会激发你更加旺盛的精神和斗志。敌人的力量会让一个人发挥出巨大的潜能，创造出惊人的成绩，尤其是当敌人强大到足以威胁你的生命时。敌人就在你的身后，只要你一刻不努力，生命就会有万分的惊险和危难。

不论什么方式的竞争，也不论竞争对手是谁，竞争的具体内容怎样，总之，竞争都是为了使自己在感觉和利益上压倒对方、超越对方。在这种压倒和超越对方的竞争中得到心理上的满足，生命才会变得更有意义。

正如马云所说，与优秀的对手竞争是一种乐趣。如果有一天你发现竞争是一种痛苦，就一定是你的策略出了问题。在竞争中要多用一点智慧，多用一点脑子。把竞争当作给予，当作乐趣，当作游戏，才是竞争的大境界。

制定有效措施，获得主动权

三场比赛我们都发现一个问题，没有资源的那些团队都赢了，而看起来可能会赢的团队全都输了。骄兵必败，商场上也一样，商场上很多东西看起来要赢，结果都输掉了，因为你不够重视。我们做企业的，每天都是如履薄冰，每一天，对每一个项目、对每一个过程都非常仔细认真。

永远要把对手想得非常强大，哪怕非常弱小，你也要把他想得非常强大，这是商界犯错误时经常会说的。

面对新的强大对手，很多人常犯的几个错误是看不见、看不起、看不懂、跟不上，首先对手在哪儿都找不到，第二我根本看不起这些人，第三我看不懂他们怎么起来的，最后是根本跟不上别人。

我觉得你们这个团队刚好犯了这些错误，你们觉得对手不如你们，你们觉得你们对市场很了解，对客户很了解。但事实上，你们讲得很对，输在轻敌上面，今后我觉得大家一定要注意。

所以5号队友我也想讲，我在讲话过程中，我关注到，你比较以自我为中心，你作为领导者应该以别人为中心，以客户为中心，不能说我做的都是对的，别人可能都是错的。1号当时牛总讲得非常好，你有没有想过为什么团队很多人都没有把你当作一回事情？

——摘自《马云：〈赢在中国〉点评》

马云在行动

骄兵必败，任何时候，都不要轻视自己的竞争对手。对手很强大，一着不慎，满盘皆输，永远要把对手想得强大一点，并针对他们的强大相应地制订和调整竞争策略。

竞争对手是企业的重要参照物，它的存在证明企业存在的价值。在竞争对手身上你能看到自己的影子。重视竞争对手就是重视自己，尊重竞争对手也是尊重自己的表现。

这也告诉我们任何时候都不要掉以轻心，要尊重对手、重视对手，这样才能制订出有效的措施，在竞争中获得主动权。

马云之所以能率领淘宝网击败行业老大eBay，一个很重要的原因就在于他对竞争对手的重视，他知道eBay很强大，但也清醒地认识到淘宝的优势所在。他有一个很形象的比喻："eBay是大海里的鲨鱼，淘宝则是长江里的鳄鱼，鳄鱼在大海里与鲨鱼搏斗，结果可想而知，我们要把鲨鱼引到长江里来……和海里的鲨鱼打，进了大海我们一定会死，但是在长江里打我们不一定会输。"

面对强大的竞争对手，马云在内心就高度重视eBay并开始了解eBay，他关注eBay的一举一动："eBay公司所有的高层资料我们都会详细分析，他们在世界各地的各种打法，他们擅长的各种管理手段和应招特点，我们都会仔细研究。"马云说："我们与竞争对手最大的区别就是我们知道他们要做什么，而他们不知道我们想做什么。"

eBay是上市公司而阿里巴巴不是，惠特曼对淘宝的了解尚不及马云对eBay的了解。正是基于对eBay的高度重视和知己知彼的战术，马云才能在淘宝与eBay的竞争中游刃有余地指挥操控，并自信满满地将其击败。而eBay则由于不重视阿里巴巴，把对手看得太弱小，以至于被阿里巴巴抢占了中国大部分的市场。

赢在执行

华为总裁任正非曾对员工说："华为选择了通信行业，就是选择了一条不归路。1998年华为公司的产值将近100亿元，但也仅相当于朗讯公司的1/25、IBM的1/65。在电子信息产业中，要么成为领先者，要么被淘汰，没有第三条路。我们的竞争对手太强大了，我们要在夹缝中求生存，就要掌握核心竞争力，慢慢壮大自己。"

华为成立于1987年，1998年正是艰难发展的时期，也是火热发展的时期，而当时的朗讯公司、IBM是强大的竞争对手，面对这两家竞争对手，华为从未退缩，而是勇往直前，永远把对手想得更强大，不断充电，进而才有赢得胜利的把握。

到2004年，华为已拥有自主知识产权的全套GSM产品、WCDMA产品和CDMA2000产品，成功为国内外80多个运营商提供移动通信解决方案和产品，服务于全球2000多万用户，成为业界主要移动通信设备供应商。而在3G领域，华为目前已经申请了800多项专利，中国香港的WCDMA3G网络、阿联酋电信的全网WCDMA网络都由华为完成。

现如今，华为已经发展成销售额过千亿的大公司，正在向创新型公司稳步迈进。而这一切与华为的竞争意识有很大关系，永远要把对手想得更强大一点，关注对手，看重对手，并让自己变得更强大。

在实际管理中，把困难和对手想得强大些，有时是走出危机的必备素质。霍尼韦尔的总裁高德威刚进入公司时，公司正处于艰难时世。前任CEO们习惯性认为，只要靠裁员就能解决问题。结果大批核心员工提前跳槽，使公司利润进一步下降。高德威上任后，采取稳定人员，培养储备干部倾听客户的办法，让那些掌握公司关键竞争力的员工重新焕发活力。很快公司就摆脱了困境，2002年年底，其公司股价翻了一番远超同业水平。

第四篇

功在云天，苦在泥土

——加强自我建设，做最好的执行者

马云说，创业、做企业其实很简单。一个强烈的欲望就是说：我想做什么事情？我想改变什么事情？想清楚之后，永远坚持这一点。的确，做事需要坚定决心，态度到位，坚持不懈地做下去，毕竟只有执行力才是真正直接对结果产生作用的力量。

托马斯·杰斐逊说：“一个人拥有了别人不可替代的优势，就会使自己立于不败之地。”所以，一个员工，要想让自己在企业里不可或缺，必须加强自我建设，做最好的执行者。

第十二章
态度到位，执行才能到位

在企业中，有些看似雄心勃勃的计划总是一败涂地，有些好的决策总是一而再、再而三地付之东流，刚刚做好、做大，贯彻就出现了问题，付出比计划多了10倍，结果却不到计划收益的1/10，这是为什么呢？

是落实不力！

好的战略是非常重要的，但若没有强大的执行力去完成它，这个战略也只是一纸空文。因为只有执行力才是真正直接对结果产生作用的力量。任何事情规划得再好，不如现在就行动起来，重要的是在执行过程中，坚定决心，态度到位，坚持不懈地做下去，最终总能到达目的地。

未来不是从纸上谈出来的

我刚才在门口一听说要演讲，就有些激动，立即就想到了两个词，梦想与坚持。我想跟大家讲，作为一个创业者，首先要给自己一个梦想。在1995年我偶然有一次机会到了美国，然后发现了互联网。

发现互联网以后，我不是一个技术人才，我对技术几乎是不懂，到目前为止，我对电脑的认识还是部分停留在收发邮件和浏览页面上，我今天早上还在说，到现在为止我还搞不清楚该怎么样在电脑上用U盘。

但这并不重要，重要的是你到底梦想干什么？

1995年我发现互联网有一天它改变人类，可以影响人类的方方面面，但是谁可以把它改变掉，它到底该怎么样影响人类？这些问题我在1995年没有想清楚，但是隐隐约约感觉到这是将来我想干的。回来以后也非常地艰难，我请了24个朋友到我家里，大家坐在一起，我说我准备从大学里辞职，要做一个互联网，叫Internet，那个时候互联网不叫互联网，那个时候把它翻译成因特耐特。因为自己不懂技术，所以我花了将近两个小时来说服24个人，这是一个很有意思的事情。

两个小时以内，我肯定没讲清楚，什么是互联网，他们肯定也听得糊里糊涂。两个小时以后，大家投票表决，23个人反对，1个人支持，大家觉得这个东西肯定不靠谱，别去做那个，你电脑也不懂，而且根本不存在这么一个网络。

但是我经过一个晚上想了，第二天早上我决定我还是辞职去实现我自己的梦想。为什么是这样呢？我发现今天我回过来想，看见很多游学的年轻人是晚上想千条路，早上起来走原路。晚上出门之前说明天我将干这个事，第二天早上仍旧走自己原来的路线。如果你不去采取行动，不给自己的梦想一个实践的机会，你永远没有机会。所以我稀里糊涂走上了创业之路。

——摘自《马云：梦想与坚持》

马云在行动

梦想的实现不是从纸上谈出来的，如果你夸夸其谈，说出一大堆的目标理论，如果不落实在行动上，那只能是“纸上谈兵”。

少说空话，多办实事，真正地将言语落到实处，这就是马云的执行逻辑。

马云是一个坚持梦想的人，可以说他走到今天，都是靠梦想的指引。虽然创业之路非常艰辛，但马云认为只要有梦想，只要不断努力，只要不断学习，就有机会到达成功的彼岸。正如他所说："人永远不要忘记自己第一天的梦想。你的梦想是世界上最伟大的事情，就是帮助别人成功，不能走到后面以后又改回来。"

1995年，马云从西雅图回来后，在美国朋友的协助下，他开始为自己的海博翻译社建立首页。当时中国的网络是用速度很慢的拨号上网连接方式，足足花了3.5小时才打开一半的网页。但即便如此，马云仍然相当自豪，他证明了互联网的存在。

随后，他决定进入互联网行业。1995年4月，马云联合朋友创建了"海博网络"，当时的情况实在让人寒心：创建海博网络的资金只有六七千元，是马云的积蓄，剩下的是从亲戚朋友那儿借来的。当时总共需要10万元，他就将家里的家具全卖了。而员工除了他、他的老婆外，只有一个大学同学。尽管如此，"海博网络"依然是中国最早的互联网公司之一。

马云说，别人是盲人骑瞎马，他当时算得上是盲人骑瞎虎。那时中国的互联网还没有全部联系起来，就只开通了他的那个网站，他早在5月份就已经挂上互联网，上海是8月份才开始挂上互联网的，所以直到两个月之后马云才开始有了竞争对手。做得最早的是中科院高能物理研究所的"中国之窗"，马云之前已经把自己的网站改名为"中国黄页"。

马云和他的创业团队始终记得，当年他们意气风发闯北京，却以失败告终，在马云宣布打道回府的告别宴会上，大家喝起了北京的二锅头，不知有谁带头唱起了《真心英雄》："在我心中，曾经有一个梦，要用歌声让你忘掉所有的痛……把握生命里的每一分钟，全力以赴我们心中的梦，不经历风雨怎么见彩虹，没有人能够随随便便成功……"

5年以后，阿里巴巴首战告捷，2000多名热血沸腾的阿里巴巴员工又唱起了这首歌，有人看见马云在偷偷地抹眼泪，但事后马云不承认。老歌重唱，他们是什么样的心情？他们肯定想起了当年的那个小酒馆，想起他们含泪高歌的那个晚上。

在2005年阿里巴巴社区大会上的演讲中，马云说：我们没有放弃第一天的梦想，我们还要走下去，我们还要走96年。从我们第一天说要让阿里巴巴持久发展80年起，我们就没有改变过；今天我们说要做持续发展102年的公司，成为世界最大互联网电子商务网站。

可以说，坚守第一天的梦想不变，是马云成功的关键因素。作为一个没背景、没技术、没资本的创业者，马云唯一拥有的只有“梦想般的理想”，而正是靠这个理想，马云，才真正成为马云。

美国有一位哲人曾经说：“很难说世上有什么做不了的事，因为昨天的梦想可以是今天的希望，还可以是明天的现实。”岁月或许会掩埋很多东西，会让我们变得越来越现实主义，但是我们不能忘记自己第一天的梦想。如果我们都能像马云一样，坚持梦想，为了梦想而行动，不抛弃、不放弃，那么我们终有一天也能摘到梦想的花环，领略到实现梦想的喜悦。

赢在执行

不管拥有多么好的梦想，没有落实到位就是纸上谈兵；不管多么好的产品，不能让消费者接受就没有任何意义。只有认真执行才能让理想落地、让产品被消费者接受。在商场上，执行永远是第一位。一支部队、一个团队，或者是一名战士或员工，要完成上级交付的任务，就必须具有强有力的执行力。只有行动起来，才有参与竞争的权力，只有执行到位，才有竞争的实力。

萤火虫只有在飞的时候才会发光。同样，一个人要有所作为，就必须行动起来，必须积极地努力，积极地奋斗。成功者从来不拖延，也不会等到“有朝一日”再去行动，而是今天就动手去干。他们尽所能干了一天之后，第二天又接着去干，不断地努力、失败，直至成功。

要记住这句老话："今天能做的事情，不要拖到明天。"成功者一遇到问题就马上动手去解决。他们不花费时间去发愁，因为发愁不能解决问题，只会不断地增加忧虑。当成功者开始集中力量行动时，立刻会兴致勃勃、干劲十足地去寻找解决问题的办法。

你遇见过那种喜欢说"假若……我已经"的人吗？有些人总是喋喋不休地大谈特谈他以前错过了什么成功机遇，或者正在"打算"将来干一番什么事业。

失败者总是考虑他的那些"假若如何如何"，所以总是因故拖延，总是无法成功。

总是谈论自己"可能已经办成什么事情"的人，不是进取者，也不是成功者，只是空谈家。实干家是这么说的："假如说我的成功是在一夜之间得来的，那么，这一夜乃是无比漫长的历程。"

不要等待时来运转，也不要由于等不到而觉得恼火和委屈，要从小事做起，要用行动争取成功！只要专心致志去做好你现在所做的工作，坚持下去直到把事情做好，"机遇"就会来到，成功也就离你不远了。

"别再等了，现在就动手做吧！"任何时刻，当你感到拖延的恶习正悄悄地向你靠近，甚至当此恶习已迅速缠上你，使你动弹不得之际，你都需要用这句话提醒自己。

如果你养成了"现在就动手做"的习惯，那么你就将掌握个人主动进取的精义。

采取主动，就能创造属于自己的机遇。缜密思虑下策划的行动，是没有任何东西可以取代的。

你可以用尽各种方法告诉全世界，你有多么优秀，但是你必须通过行动来证明。要让别人知道你的成就，你应该先付诸行动，让人由行动中认清你的成就。

成功不会主动找你，只有行动，你才可能获得成功。

英国前首相本杰明·迪斯累利曾指出，虽然行动不一定能带来令人满意的结果，但不采取行动就绝无满意的结果可言。

因此，如果你想取得成功，就必须先从行动开始。

一个人的行为影响他的态度，行动能带来回馈和成就感，也能带来喜悦，通过潜心工作得到自我满足和快乐，这是其他方法无法取代的。这么说来，如果你想寻找快乐，如果你想发挥潜能，如果你想获得成功，就必须积极行动，全力以赴。

天下最可悲的一句话就是：我当时真应该那么做，但我没有那么做。经常会听到有人说："如果我当年就开始那笔生意，早就发财了!"一个好创意胎死腹中，真的会让人叹息不已，永远不能忘怀。如果真的彻底施行，当然就有可能获得成功。你现在已经想到一个好创意了吗？如果已想到，马上行动。

给梦想一个坚持的机会

不管事业多成功、多伟大、多了不起，记住我们到这个世界就是享受经历这个人生的体验。忙着做事一定会后悔，我不希望自己七八十岁还在公司开早会，我的同事很生气，又不好意思说。

昨天晚上到得比较晚，晚上跟大家聊得特别开，回想当年往事，14年中国互联网发展，我们经历了很多有意思的事情，回顾自己犯过的错误，见过无数奇葩的人，但这是最美好的经历，人生就是这样。

我回去后又睡不着，我想14年给了我那么多有意思的经验，15年以后又有什么样的东西可以让我们这帮人再一起吹牛、聊天。

如果今天不设计好的话，15年以后一定会很倒霉。我们这批人昨天晚上聊，我们这些人都坚持对梦想的追逐，都有很好的梦，都有对梦想的坚持和执着。

但是中国的梦，我认为13亿人应该有13亿不同的梦，所谓中国梦不是把全中国统一一个梦，因为13亿人不同梦想才会有今天、明天。

我今天来不想谈IT未来的展望，一会儿留给马化腾、李彦宏这些年轻人谈，我比他们大几岁，男人大一岁就是一岁，千万别跟年轻人比远见，不要跟年轻人比创新，我只讲一些作为我们这个年纪的人观察到、听到的一些事，今天讲讲如何把梦想变成现实，如果梦想变不成现实，就是空想、瞎想，最近讲得最多的就是空谈误国。

我不是学技术的，我对IT真不懂，我也不懂管理、不懂产品，但是我后来发现自己找到了一个地方是可以做的，就是在管理、在领导力、在怎么样把梦想变成现实上，我估计我比绝大部分IT人花的时间更多。

——摘自《马云：2013年4月深圳IT领袖峰会演讲》

马云在行动

与很多有着光鲜背景的互联网神话制造者不一样，马云的出身很平凡。他没有多少钱，创办公司的时候甚至只能把家当办公室，但马云有自己的特点：有梦想，能坚持，并且用实际行动，努力将梦想变成现实。他经常沉浸在梦想中，并为自己的梦想激动不已。

带着对待初恋一般的热情，马云创立了中国第一个商业网站——中国黄页，他每天出门推销中国黄页，说服人家心甘情愿付钱把企业的资料放到网站上去。当时大家都不知道互联网是什么，没有人相信他，在那段时间里，马云过的是一种被人视为骗子的生活。

为了拿下杭州一家企业的生意，他一连跑了五趟，但这家企业的老板总怀疑电子商务是骗人的诡计。为了说服这位老板，马云为他收集了大量有关电子商务的资料，一遍又一遍为他讲解电子商务这种新型商业模式，告诉他在网上做广告比在其他媒体上做更有广泛的效应。

任凭马云费尽口舌，这位老板还是将信将疑。面对这块难啃的骨头，马云没有放弃，临走前向这位老板要了一份企业的宣传材料。几天以后，他带着一台笔记本电脑回来，那位老板看到电脑上显示着自己企业的网页时，终于同意合作。

提起那段往事，马云感慨良多：基本上可以说是惨不忍睹，就跟骗子似的。他当时跟所有人都说，有这么一个东西，然后怎么去做。1997年年底，网站的营业额竟达到700万元。追溯起来，阿里巴巴网站的雏形应该就是中国黄页网站。

然而，阿里巴巴从成立以来一直备受质疑，马云从创业的时候一路被骂过来，别人都说这种模式不可能，但马云觉得没关系，他不怕骂，他只要不往心里去就是了。

阿里巴巴依旧坚定不移地走电子商务路线，尽管马云相信电子商务也许三年，也许四五年都挣不到钱，但他坚信八年、十年后一定能够挣到钱。所以他首先需要的是存活下来，坚强地活下去。

正如后来马云在演讲中所说：初恋是最美好的，每个人第一次恋爱最容易记住，每个人初次创业的时候理想是最好的，但他走着走着回来就找不到这条路在哪里。我们是坚持初恋的人，我们是坚持梦想的人，所以能走到今天。

的确如此，从1995年，在出访美国时首次接触到互联网，回国后创办网站“中国黄页”，到1997年，加入中国外经贸部，负责开发其官方站点及中国产品网上交易市场，再到1999年，正式辞去公职，创办阿里巴巴网站，开拓电子商务应用，尤其是B2B业务，马云始终像坚持初恋一样坚持着自己的理想，并最终将理想变成了现实。

赢在执行

在这个速度决定一切的时代氛围当中，迟迟不做决策则是成功的致命伤。有一个好想法，就要抓住它，勇敢去闯。

马云一直都在做决定—颠覆自己的决定—再做决定—再颠覆。他有许多稀奇古怪的想法，而且他有了想法之后，就会立即付诸实践。

1995年4月，马云开始创立中国黄页，当时的中国黄页是中国第一个商业网站。这个中国黄页模式完全出自于马云自己的灵感和他对网络商业应用的感悟。在此之前，世界上没有这个模式，也没有人想到用这个模式赚钱。就是这样一个不成熟的模式和产品，居然让马云赚到了钱。抢占先机无疑是成功的重要秘诀。

阿里巴巴模式是马云的又一次决定，而且是他一生中最重要的决定。阿里巴巴的B2B有两个显著特点：一是为中小企业服务；二是不做电子商务全过程，只做信息流。这些都是已有的电子商务网站没有留心的地盘。马云一直相信，别人看不清的模式也许最好。别人看不清，所以没有多少人敢去下手，这个时候果断进入，就能轻松地扩大自己。

2003年7月，淘宝网刚刚成立不到一个月的时候，马云表示：要等到支付问题都解决了，我们还有什么机会，我们永远不会等到机会成熟了才去做一件事情。这话说完仅仅3个月，2003年10月，专门为淘宝定做的支付工具——支付宝——就诞生了。早在淘宝网出现之前，网上购物的致命问题——如何实现网上安全支付，就已经出现了，但是没人想到要去解决这个问题。马云敢于“试水”，迅速地推出了支付宝。

马云就是个善于把握机会的人，他以快制慢。在马云看来人一旦看准了方向，找准了出路，就不要犹豫。机会难得，一步慢，步步慢。

大胆尝试，不怕犯错

阿里巴巴这两年跟其他公司有什么区别？没有什么大区别。就是有些东西我们是极其关注的，做一个产品，把销售体系建起来。但有些东西我们又不专注了，我们在按照书本上的做。我们犯一个很大的错误就是迷信书本知识。

我买了收购的书过来看，尊重人才，不开掉人，留下等于尊重他们，这完全是一个错误的思想。但是人只有犯过错误才知道错误。

千万不要觉得培训对你有帮助，关键是听过之后实践。我跟李琪，我们两个沟通，他讲了一个故事很有意思，几乎所有的人都会错误地认为，他会犯的错误我不会犯，我肯定不会犯的，他那么傻，结果自己上去发现还是一样的错误。

我们的阿里巴巴要想走向创新，相对来讲很重要的一点就是我们这些人不要怕犯错误。怕犯错误，我们就不会有明天了。也不要觉得一定是怎么样，大胆尝试，B2B、C2C，在未来的变数很多，但是有一样东西，我刚才讲了，我们要引进各种各样的人才，包容各种各样的人才。

——摘自《马云：阿里巴巴集团湖畔论道演讲》

马云在行动

互联网产业是一个新兴产业，没有经验可以借鉴和拷贝。纵观整个互联网成长史，任何一家网络企业都不可避免会犯错。

马云对此毫不忌讳，他说："阿里巴巴最大的财富不是我们取得了什么成绩，而是我们经历了这么多失败，犯了这么多错误，我说阿里巴巴一定要写一本书，这里是阿里巴巴曾经的错误。这些错误，你听了会笑着说，那时候也犯过。但是有一天如果有重要项目就不要派常胜将军上去，要派失败过的人上去。失败过的人，会把握每一次机会。你不要看今天很风光，我前面犯了很多错误，今后也会犯很多错误的。”

2006年5月10日，淘宝网推出名为“招财进宝”的新型收费增值服务。通过这次项目，卖家可以花钱买一个“推荐位”，让自己的商品出现在淘宝网浏览量最大的位置上，以利于商品销售。在淘宝网高调宣布继续免费3年之后，这项有偿增值服务被众多网民认为是“变相收费”，并有一些卖家联合酝酿于2006年6月1日集体罢市以表抗议，有很多网民甚至威胁说如果淘宝网不取消“招财进宝”，将跳槽到其他个人电子网站。

发起“招财进宝”这项服务，马云的初衷是好的。马云说：“淘宝目前有2800万件商品，日交易量达4700万元，如果没有搜索，买家很难去寻找商品。”而搜索必然会牵涉排名，价格是相对客观的排名标准。如果排名不收费，那么为了争第一排位，卖家会疯狂做假货得交易量，搜索将会乱套。

无论马云和淘宝网发起这项服务的初衷是好是坏，从最终的效果看，这都是一次错误的决策。

2006年5月29日，针对愈演愈烈的“罢市”危机，马云以“风清扬”的ID发表了题为《谈谈拥抱变化》的帖子，对“招财进宝”的初衷进行了诚恳的剖白，并希望网民能够谅解，而“罢市”危机因为这篇文章的发表得到了一定的缓和。6月1日，马云决定在淘宝网上公开投票来决定“招财进宝”的去留，短短半天时间，就有9万余人参与投票。从当天的结果看，选择“对招财进宝进行不断的完善，保留招财进宝”的占38%，选择“目前不完全适合淘宝，取消招财进宝”的占62%。最终，淘宝网决定取消“招财进宝”，并将其间所收取的费用全部退还。

事后看来，“招财进宝”虽然是马云和淘宝网的一次“错误”决策，给淘宝网乃至阿里巴巴和马云本人的名誉都带来了一定的破坏，也造成了一定资金损失，但马云面对错误的态度是诚恳的，处理方法是有效并且及时的，这在很大程度上降低了这次错误的破坏力，没有让这件事造成更大的负面影响。

一个人在执行过程中，总是会遇到这样那样的问题。正是这些问题使马云成熟，使阿里巴巴成熟。马云正是在不断犯错纠错中变得越来越聪明，并最终成长为一个重量级互联网企业的CEO。

赢在执行

不要害怕犯错，也不要害怕失败，一旦决定，就不要没完没了地讨论，不要花太多时间去想能不能成功，而是要落实，即使失败也要试一试！

马云做了太多外界认为不可能的事情。但他一件一件地做了下来，而且做一个活一个。在人们都认为中国的环境还不成熟的时候，马云说："不能等到环境好了再去做，因为好了以后就轮不到你了。"

机遇转瞬即逝，等你觉得环境好了的时候再去做事情，等万事俱备的时候，机遇也许早已经从你眼前流逝了。对于一个创业者来说，迅速抓住机遇是一种必备的冒险能力。

生活中，有很多人认为只有在具备了精深的专业知识才有资本去创业。然而，世界创新史表明：先有精深的专业知识才从事发明创造的人并不多，不少成就一番事业的人，都是在知识不多时，就直接对准了目标，然后在创造过程中，根据需要补充知识。比尔·盖茨哈佛没毕业就去创业了，假如等到他学完所有知识再去创办微软，他还会成为世界首富吗？

梦想不能等，因为人生不同的阶段，会有不同的历练和想法。如果等到所有的条件都成熟才去行动，那么你也许得永远等下去。在追求成功的过程中，行动要大于空想，即使周围的环境和自身的条件还不是非常完备，也要勇于去尝试。

那些敢于去尝试的人一定是聪明人。他们不会输，因为他们即使不成功，也能从中学到教训。所以，只有那些不敢尝试的人，才是绝对的失败者。新东方董事长俞敏洪说：“每一条河流都有自己不同的生命曲线，但是每一条河流都有自己的梦想，那就是在转弯处奔向大海！我们的生命有的时候是泥沙，也可能慢慢地像泥沙一样沉淀下去了，一旦你沉淀下去了，也许你不用在为了前进而努力了，但是你却永远见不到阳光了！不管我现在的生命是怎么样的，一定要有水的精神！”喜欢安于现状的人，一份平庸的工作可能就会让他们不再愿意动弹，结果就像井底的青蛙，再也不可能跳出那个井口，去拥有广阔的天空。而那些天生就不安分的人，往往就是跳得更高更远的人。

第十三章

保持激情，不疯魔不成活

激情是一种积极向上的态度，无论是做人还是做事，都不能缺少激情。激情就像发动机一般能使电灯发光、机器运转的一种能量，能激励人去唤醒沉睡的活力，它是一个人成就事业的源泉，也是一个人提升执行力的原动力。

没有野心，就没有进取心

奋斗的动力是什么？不是财富。我是商业公司，对钱很喜欢，但我用不了，我不攒钱，我没有多少钱。从大的方面说，我真的就想做一家大的世界级公司，我看到中国没有一家企业进入世界500强，于是我就想做一家。

如果我早生10年，或是晚生10年，那么我都不会有互联网这个机会，是时代给了我这个机会。在制造业时代，在电子工业时代，中国或多或少都错过了一些机会，而信息时代中国人有机会，我们刚巧碰到这个机会，我一定要做，不管别人如何说，我都要做下去。我觉得中国可以有进入500强的企业，我们学得快，在这个过程中，勇者胜，智者胜。

从小的方面说，既然出来了，那么就得做下去。89元的工资我也拿过，再过10年，可能我连平均生活水平都达不到。我不喜欢玩儿，有人为了权力，有人为了钱，但我没有这种心态。

说实话，为自己，为这个国家，为这个产业，一个伟大的将军，不是体现在冲锋陷阵的时候，而是体现在撤退的时候。网络不行的时候我真正体会到了如何做企业，2000年以前，我没有做企业的感觉，而现在我觉得自己是在做企业，而不是做生意。

——摘自《马云：2002年接受采访的讲话》

马云在行动

2000年可能是马云心理状态的一个转折点，他说，2000年以前，只有做生意的感觉，2000年以后，找到了做企业的感觉。这其中的变化，就源自驱动力的变化，他的动力不再是钱，而是一种理念。2002年的时候，马云的心理状态又有了新的变化，他开始体会到大时代的变迁，在工业制造时代、电子工业时代，中国没有抓住机会，而前所未有的互联网时代则带来了一个巨大的机会。

马云承认自己对未来的发展有着极大的野心，他认为拥有野心、梦想与激情，并能永不放弃，就一定不会失败。

阿里巴巴近几年的快速发展让很多人对马云有着很高的评价，认为其取得了了不起的成就，对此马云却很从容。有一次马云去日本参观访问，回来后感慨地说道："我去年在日本被当众敲一闷棍，忽然对钱一点兴趣都没有了。我去日本参观了一家企业叫拓板公司，我和他们老板交流：'去年赚了多少啊？''220亿'。我说：'噢，220亿日元。'他们说：'不，是美元。'这才叫作钱，我们只做了一两亿人民币就牛起来了，距离太远了。拓板公司是百年企业，我们公司员工平均年龄是27岁，再给我们20年时间，我们也可以了。世界500强企业哪家营业收入不是70亿、80亿美元？我们闭嘴！慢慢来。中国今天的企业要有远大的理想，也会有这一天，如果没有理想那就很难了。今天我们说赚了1000万、2000万，我觉得丢脸。"

“进入世界互联网企业前三强，进入世界500强，每年赚100亿美元”，这是马云的野心，因此马云不满足于一时的成就，看淡金钱，只为更大的目标。

赢在执行

诚如马云所言：小虾米一定要有个鲨鱼梦。希望越大，责任就越大，动力也就越大。既要有高远志向，又要有切实的努力过程，这是一种人生智慧，也是一种人生态度。现实社会中的很多人都在立志，但是不敢立大志，对自己缺乏足够的自信。

其实我们应当坚信：志当存高远，要立志就要立大志。俗话说“有志者事竟成”，只要我们有坚定不移的奋斗目标，相信终有一天，我们能够实现它。

没有野心，就没有进取心，野心和想象力是促使一个人不断前进的精神基础。著名经济学家熊彼特在其作品《企业家的精神》中说道：“一个人如果要成为企业家，就必须不断创新、创新、再创新。而创新来自于不停地进取，进取心则来自于野心。野心让人冒险，冒险带来创新。”

法国一位大富翁在弥留之际写了一个遗嘱：“我曾经是一位穷人，在以一个富人的身份跨入天堂之前，我把自己成为富人的秘诀留下，谁若能猜出‘穷人最缺少的是什么’，他将得到我留在银行私人保险箱内的100万法郎，这是揭开贫穷之谜的奖金，也是我在天堂给予他的欢呼与掌声。”

遗嘱刊出之后，有48561个人寄来了自己的答案。这些答案，五花八门，应有尽有：绝大部分的人认为穷人最缺少的是金钱；有一部分人认为穷人最缺少的是机会；又有一部分人认为穷人最缺少的是技能；还有的人说穷人最缺少的是帮助和关爱，是相貌漂亮，是名牌衣服，是家世等。

在这位富翁逝世一周年纪念日，他的律师和代理人在公证部门的监督下，打开了他在银行内的私人保险箱，公开了他的致富秘诀：穷人最缺少的是成为富人的野心！

在所有人当中，有一位年仅9岁的女孩猜对了。

为什么只有这位9岁的女孩想到穷人最缺少的是野心？她在接受100万法郎的颁奖之日说："每次，我姐姐把她11岁的男朋友带回家时，总是警告我说不要有野心！不要有野心！于是我想，也许野心可以让人得到自己想得到的东西。"

事实上，野心正是一种创业的美德。成功者是拥有目标和野心并且下定决心，相信自己会做到的人以切实的行动、谨慎的规划及不懈的努力而达到的结果。美国加利福尼亚大学的心理学家迪安·斯曼特说："'野心'是人类行为的推动力，人类通过拥有'野心'，可以有力量攫取更多的资源。"

可以说，目标和野心是信念、志向的具体化，是步入成功殿堂的源泉。过去或现在的情况并不重要，一个人将来想获得什么成就才最重要。有了目标和野心，内心的力量才会找到方向。

不疯魔不成活

有人说，我的公司是一个疯子公司，我承认。他们说中国99%的公司都不是像你这样的。我觉得我们愿意做1%，因为成功的人都是1%。

哈佛曾有人认为在那个时代中国不可能有公司考核价值观和使命观，后来他受我之邀来到中国，到我们的公司来感受。后来他说，我来之前觉得马云是个疯子，来之后发现你果然是个疯子。疯子院里的人是不相信自己是疯子的，他们相信外面人是疯子。

我希望在我们公司里面能够形成一种企业的"belief"。有一批优秀的同事相信通过自己的努力，能够不断地创造价值。加入我公司的人我不能保证100%，但是我希望有70%的人坚信我们可以让中小企业生存、成长和发展。我们坚信年轻人到我们的公司走的是正道。

——摘自《马云：CEO的本事就是会用别人的脑袋》

马云在行动

马云如同一位教父，今天随着阿里巴巴的声名远播，愈来愈多的人知道了马云的梦想：做一个中国人办的全世界最好的公司，做一个世界十大网站之一，做一个102年的企业！

今天人们听到这些豪言壮语，已经不觉新奇。因为阿里巴巴已经成为中国最大的网站之一，已经成为世界十大网站之一。但是10年前，当马云在长城上喊出这个口号时，当马云向十几个创始人一遍又一遍地宣讲这个梦想时，又有多少人相信？又有多少人不把它当成狂语疯话？马云的确是兜售未来的高手，但他不是兜售空头支票的骗子。

2003年马云在接受《财富人生访谈》时说："被看作骗子的时候也是有的——我们刚好可能是中国最早做互联网的，1995年中国还没有联通互联网时，我们已经开始成立一家公司做了。人家觉得你在讲述一个不存在的东西，而且我自己学的不是计算机，我对电脑几乎是不懂的，所以一个不懂电脑的人告诉别人，有着这么一个神秘的网络，大家听晕了，我也说疯了，最后有些人认为我是个骗子。我记得第一次上中央电视台是1995年，有个编导跟一个记者说，这个人看上去就不像是一个好人！"

"那时候我在拼命地推广互联网，在最疯狂的时候大家开始'烧钱'。别人一定会认为：做电子商务的人只会'烧钱'，不会干事，所以那时候被当作疯子。"

“现在是傻子——这两年你看我们非常执着，我们在做这个公司的时候，是不在乎别人怎么看的。我永远只在乎我的客户怎么看，只在乎我的员工怎么看，其他人讲的我都不听。所以人家说你这个人特傻，人家都转型了，你为什么不转型！”

2003年，对马云的形容有了一个新词汇——“三子登科”，这源于马云的自我形容：8年前开始做这个商务网站的时候，别人说你是骗子；5年前拼命“烧钱”的时候，是疯子；现在如果还在做这个电子商务网，那是傻子。

这似乎正好是马云创业历程的三部曲——骗子、疯子、傻子，看起来不同的历史阶段有不同的角色。但是，贯穿下来，有一点是没变的，那就是马云的目标：让商人通过阿里巴巴做生意。正如王石回答“为什么要登山”一样，他说：“因为山在那儿。”

创业路上是否当过骗子——被人误解，当过疯子——狂热的激情，当过傻子——执着，最关键的是，你的目标是否清晰。正如马云所说的，创业者都是疯疯癫癫多一点，这种疯癫，正是来自于一种理想主义的、最具智慧的激情。

赢在执行

创业的过程绝不可能是一帆风顺的，如果没有无与伦比的创业精神，没有坚强执着的理想主义激情作为支撑，创业者很难在激烈的竞争中胜出。唯有保持激情，甚至有点疯疯癫癫的执着，才能守得云开见月明。

英特尔创始人、董事会主席安迪·格鲁夫在其著作《只有偏执狂才能生存》一书中说：“这是偏执狂才能成功的时代，只有偏执狂才能生存！”他表示，只要涉及企业管理，他就坚信偏执万岁。企业的繁荣之中孕育着毁灭的种子，你的企业越成功，注视着的人就越多，他们把你的生意一刀一刀地割下，直至最后一无所剩。作为一名管理者，最重要的是以偏执狂的姿态去思考任何事情，从而击败对手。

不可否认，创业者要想取得成功，是需要一点“疯狂”的。这种疯狂代表的是一种大胆的想象、坚定的忘我和专注的执着。把自己的主要精力和时间放在热爱的事业上，最终利用聚焦原则把能量发挥到最大，取得的效果也会最佳。马云的疯狂无疑就是这一种，这也是年轻的创业者应该从马云身上学习的一点。

执行需要激情，需要“追求卓越”、“追求完美”的精神与理念。在21世纪的今天，一个人要想在激烈的竞争中生存、发展，必须饱含激情地追求卓越，从而不断地提升自己的执行力。

1. 永远不要说自己做得“够好了”

随着竞争的加剧，企业对员工的要求会越来越多，一名普通的员工是没有竞争力的，重要的职位、优厚的薪金以及高级的职业荣誉，只会给予那些做得更好、追求最好的人。永远也不要认为自己已经做得够好了，在我们整个职业生涯中，追求最好的步伐不能有片刻的停留。

2. 不断督促自己前进

我们要努力使自己进入卓越的状态，具体一点，就是以那些典范人物的状态和特征为标准，不断督促自己调整心态，提高素质与技能，不断提升自己的座次，不断让自己进步，从平凡到优秀，从优秀到卓越。

3. 让自己追求最好

在职场上没有终生的雇佣关系，如果你的发展跟不上职业的发展，你就会成为企业可有可无的人。作为一名从业者，如果你要避免被淘汰的命运，就要让自己追求最好，使自己成为品牌人物，这样才能确立自己在企业和行业的地位，才能在成功的道路上越走越顺。

把激情坚持下来

马云：谢谢董冰。我简单一点，3个问题，第一，为什么是电动车；第二，为什么是苏州；还有组织员工学习3个小时你在学什么。

董冰：为什么我选择了电动车。我先回答第一个问题。因为这个行业被打压，是完全依靠市场推动力发展支撑的，现在我已经得到了一个很好的消息，政府马上解禁了，证明它顽强的生命力已经迫使一些地方政府不得不让路了。真正有市场生命力的东西一定不是靠扶持起来的，而是靠市场需求生存的，再加上我们的技术能够深入到这个行业，所以我选择了电动车这个行业。

第二，我为什么选择苏州。有两个理由，第一是因为苏州的电动车保有率非常高，如果我在苏州做不成功，证明我无能。第二是因为我在苏州没有任何可以利用的关系，如果我能做成功，就说明我们的模式能够复制到全国。

第三，3个小时学什么。我以我的团队为荣誉，为骄傲，但是不得不告诉大家，我们所有人，除了我以外平均学历只有初中。很多人十几年以前来自于安徽的大山沟里，我举一个最简单的例子，我要求我的店长很短时间内将人培养起来，如经过十天左右的培训，他已经能够做到抬头挺胸，穿着我们的工作服走进五星级宾馆的大门。这就是我们的培训。我们让所有的人以这个为荣，只有这样才能做强做大。

马云：董冰，我非常感慨，你这样的项目是《赢在中国》更需要倡导的，点点滴滴做起一个小店，小企业要有远大的理想，我看到了这个远大的理想。

但是我觉得你的激情也不错，我的建议是短暂的激情是不值钱的，只有持久的激情才是赚钱的，而激情不能受伤害。

尤其你的员工在上班非常累的情况下，要再读3个小时、学习，这很好，但是一个人的体力会消耗掉的，学习无处不在，要从听、从看、从刻苦中学习，你要在这儿做调整。

——摘自《马云：〈赢在中国〉点评》

马云在行动

阿里巴巴的创立是十几个有激情、有理想的年轻人，怀抱着一个创建一家伟大公司的梦想聚集到了一起。年轻的团队容易产生激情，但是更容易因为挫折而失去激情，尤其是一件从未有人做过的事，其难度将会更大，将会有很多从未想到过的、出乎意料的困难，而显然，如果没有持久的激情，在这些困难面前，退却是很容易的事。

关于激情，马云曾这样说过："短暂的激情只能带来浮躁和不切实际的期望，它不能形成巨大的能量；而永恒持久的激情会形成互动、对撞，产生更强的激情氛围，从而造就一个团结向上充满活力与希望的团队。永不言败，永不放弃，不仅是对公司而言，更是对公司里的每个同事而言，是对自己人生和职业生涯的一种态度。一个有追求的人会不断唤醒自己的激情，并用自己的激情去影响四周的人；得过且过不是阿里人崇尚的作风！"马云一直认为，短暂的激情是不值钱的，只有持久的激情才是赚钱的。

阿里巴巴内部经常会出现"裸奔"的场景，这是阿里巴巴员工们在用特别的方式庆祝业绩上的提升，展现自己的工作激情。一次，在淘宝交易额超过目标值时，某部门雇员在部门经理带领下愉快"裸奔"，男生脱掉上衣，甚至只剩下一条裤衩。一位"销售冠军"在一个寒冷的冬日跳下了西湖，因为他和马云以年终业绩打赌，而他差之毫厘失败了。

每次阿里巴巴举行宴会等活动，总能看到管理层的人"群魔乱舞"，但同时员工的情绪也被最大限度地调动起来。有一次在阿里巴巴的庆功会上，马云一会儿扮成维吾尔族姑娘，一会儿又扮成江南小城的普通渔夫；而阿里巴巴的首席财务官蔡崇信，这个被认为不好说话且极其严肃的人，曾穿上女人的丝袜、在众目睽睽下跳起缠绵的钢管舞……

马云说："激情来得快，去得更快。你可以失败，但你不能放弃。激情是可以传递的。这样一来，整个公司的氛围就变好了。"马云和阿里巴巴的员工靠着这种在外人看来近乎疯狂的激情，形成了强有力的团队凝聚力，大家向着共同的目标大踏步向前。

赢在执行

有人做过这么一个实验：将一只最凶猛的鲨鱼和一群热带鱼放到同一个池子里，然后用强化玻璃隔开。最开始的时候，鲨鱼每天不断冲撞那块看不到的玻璃。它试了每一个角落，每一次都用尽全力，但每次都弄得伤痕累累，有好几次甚至浑身破裂出血。鲨鱼的激情持续了很久，可每当玻璃出现裂痕，实验人员马上加上一块更厚的玻璃。

后来，筋疲力尽的鲨鱼不再冲撞那块玻璃了。再后来，实验人员将玻璃取走，但鲨鱼完全没有反应，每天仍然在固定的区域游着，它已经失去了最初的激情。

激情来自于人们对事物的强烈兴趣，创业者的激情包括对事业的激情、对人的激情和对企业目标的激情。激情是催人奋发的力量，它能点燃我们创业所需的生生不息的动力。在对成功的追求上，我们不仅需要激情，还必须把这种激情坚持下来，坚持到最后。

已经创立30多年的软银投资过约800家互联网中小企业，在过去10年中的投资回报达9倍之多，是网络行业中全球投资回报最高的企业。孙正义说他投资的互联网企业中有100家破产了，但是绝大多数生存了下来，相当一部分如阿里巴巴、雅虎等更是取得了超级成功。在他看来，成功的企业与失败的企业相比，除了一部分运气以外，主要的区别在于管理层是否具有创业激情。那些成功的企业凭借创业激情，总是能够吸引人才，找到解决问题的方案，渡过难关。

孙正义的这一看法，也是他自己创业以及支持他人创业的经验之谈。他说，自己创业的方式是先有激情，然后设立愿景，最后确立战略。他现在的目标是成立全球最大的移动互联网企业，亚洲第一的互联网企业。这个行业的技术变迁是如此之快，几乎无法预知将来会出现什么样的变革，但是他用激情、意志不断挑战自己，终于带来了累累硕果。

有些人刚创业的时候激情万丈，可是在遇到困难的时候、遭遇打击的时候就立即萎靡不振了。这种短暂的激情是不值钱的，将激情延续下去才能点燃成功的火焰。激情是一种天性，是生命力的象征，有了激情，才有了虎虎生威的干劲，才有了人际关系中的强烈感染力，也才有了解决问题的魄力和方法。

创业者的激情一般都来自挑战，大多数创业者总是乐于寻求富有意义的挑战，希望做的事情能够挑战自己的能力极限，从而令自己充满激情。如果希望将激情永久地保持下去，就需要不断调整自己的目标，在一次次应对危机过程中锻炼自己的能力，让自己在竞争与挑战中不断提升。

第十四章

更新职业理念，注重潜能开发

托马斯·杰斐逊说：“一个人拥有了别人不可替代的优势，就会使自己立于不败之地。”在现今的企业环境里，没有打不破的铁饭碗。你的工作在今天可能不可或缺，可是这不意味着明天这个职位仍然有存在的必要。无论是谁，除了努力工作外，都应该不断学习，注重潜能开发，穿上出色的“优势马甲”，这样才能让自己最终不可替代。

做一份喜欢的工作也是创业

马云：你产品的市场是针对国外，针对北美？

李红梅：现阶段是北美市场，美国市场是成熟的市场，其他市场不太成熟。

马云：你有两个核心竞争力，第一个是整合资源，国外没有资源，国内也要摸索，如何整合？第二个核心竞争力是外包，外包是核心竞争力？那么美国公司就做不到外包？

李红梅：第一核心竞争力就是把数据转化和数据输入这一部分的业务，跟软件销售业务整合起来，这是我的一个核心竞争力。

马云：你觉得这个竞争力很高？

李红梅：因为美国的公司很少这样去整合。

马云：你现在有多少员工了？

李红梅：在北美我只有一些高端的设计人员，大概有4个。

马云：我觉得你的项目很难，相当难。我诚恳地建议，你最好别创业。我见过创业很艰辛的人，但他说我就愿意创业。我感觉是这样，从性格各方面来讲，你不是很适合创业，我经常对朋友讲，有时候做一份工作，做一份喜欢的工作就是很好的创业。

你这个人很热情、很善良，这些性格可以让你成为一个非常好的员工，非常好的义工，为此完善自我，这可能很好，但是对于创业，我很坦诚地说，你真的不合适。

——摘自《马云：〈赢在中国〉点评》

马云在行动

在《赢在中国》第一赛季晋级篇的第三场，选手李红梅的参赛项目是医疗档案管理软件及相关数据业务服务。马云觉得她的项目很难，诚恳地建议她最好不要创业。

创业，是一个光荣的梦想，但并不是谁都能创业，有理想是好事，但也必须兼顾现实。创业最忌讳的就是先设定一个理想化的目标，然后在执行过程中不顾现实情况，一味地朝这个目标前进却不知变通，甚至连生存都保证不了。

创业者一般都是理想主义者，而理想与现实的差距很大，即使有再好的创意、再缜密的思维，也不可能规划出整个创业过程，能够随时积极应对变化和挑战，可以说是创业者必备的素质。

每一种选择都有利有弊，无论是创业还是打工，关键在于你适不适合、快不快乐。有些人选择创业的原因是想摆脱办公室的束缚，不再受制于人。然而，创业者看似自由，实则最不自由。创业者虽然不再为老板打工，但时时在为市场、客户、员工打工，他要替客户着想、对员工负责、受市场制约，甚至看投资人脸色，告别了朝九晚五的枯燥生活，却陷入时刻殚精竭虑的状态。

现实生活中，我们所处的环境和氛围都在“逼”着我们去成功——“都30岁了，男的还没车没房、女的还没钓到一个金龟婿，是很失败的事情！”不成功就是失败，似乎已经成了别无选择的独木桥。对于成功的过度焦虑，逼迫着人们开始全盘接受成功学宣扬的那些无比亢奋的观点：“要成功先发疯，头脑简单往前冲”，“如果我不能，我就一定要，如果我一定要，我就一定能”……

这类所谓的成功学观点拼命地鼓动渴望成功的人上足了情绪的发条亢奋地往前冲，现实的结果却是，亢奋过后还是亢奋，亢奋过后啥也没有，白白累了大脑，消耗了身体的能量。因为成功不是战场上冲锋陷阵，不是仅有热血沸腾扛着砍刀奋勇杀敌就能取得胜利的。

在创业领域，我们经常看到的是先驱成为先烈，这说明创业不是只凭创意就行，还需要综合的能力甚至包括运气。如果你不是一个好的打工者，或者说在曾经的职业生涯中没有过成功的经历，在职场中缺乏老板思维，都是很难创业成功的。

赢在执行

每个人的基因、天赋及其所处的环境，决定了他能成为什么样的人，做什么样的事。我们在年轻的时候，以为什么都有答案；可是随着年岁渐长，才发现其实人生并没有所谓的答案，更没有标准答案。

有一个男孩，他连做梦都想成为帕格尼尼那样的小提琴演奏家，于是每天都在练琴，练得心醉神痴、走火入魔，但是他完全没有这方面的天赋，怎么练都进步甚微。周围的人都很可怜他的这股痴劲，但又怕告诉他真相会伤了他的自尊心。

一天，男孩去请教一位老琴师，并拉了帕格尼尼的一首曲子。他拉得如痴如醉，可依然破绽百出。老琴师耐心地听完曲子，认真地问他：“孩子，你为什么特别喜欢拉小提琴？”男孩说：“我想成功，我想成为帕格尼尼那样伟大的小提琴演奏家。”

老琴师又问：“那你快乐吗？”

少年回答：“我非常快乐。”

老琴师告诉他：“孩子，你非常快乐，这说明你已经成功了，又何必非要成为帕格尼尼那样伟大的小提琴演奏家不可？世界上有两种花，一种花能结果，一种花不能结果，不能结果的花更加美丽，比如玫瑰，又比如郁金香，它们在阳光下开放，没有任何明确的目的，纯粹只是为了快乐，这就够了。快乐本身就是成功。”

听了老琴师的话，男孩心头那团狂热之火终于沉静下来。他仍然常拉小提琴，在提琴所流淌出来的音乐中享受他的快乐，但是他不再受困于成为帕格尼尼这个梦想。他的琴声是他的快乐，而他最终的成功在于提出了天才的狭义相对论和广义相对论。他就是伟大的爱因斯坦。

其实，自主创业和天天上班打卡一样，只是前者的生活方式不太一样，他们为自己工作，而只要后者能给你带来快乐，便也是成功的创业，二者仅有生活方式不同这一区别。不同的生活方式会带来不同的感受，更需要不同的条件，因此，想知道适不适合，不仅要从感觉出发，还要从实际能力考虑。

正如马云所说，做一份喜欢的工作就是很好的创业。总会有某个地方、某件事情，朝我们召唤，让我们的心灵日夜不安，非要实现，才觉得心满意足。我们每个人都有自己既定的轨道，选择创业还是选择做员工，就像是选择恋人，合适的人才会幸福。

拓宽你的视野

眼光就是一种远见，但怎么去理解远见？我自己也在思考。很多人觉得一个优秀的领导者，是要看到未来美好的东西。

但这是一种动态的平衡。你要看到美好的东西，是要在别人低落的时候看到美好的东西，在人们骄傲的时候你要看到灾难的到来，所以要把握这个平衡的度。

什么时候你要讲好，什么时候你要讲坏，这是一种眼光、一种远见。远见是一个优秀的船长最重要的功能，他要能告诉大家，什么时候有风暴要来了，这是他的经验、他的眼光、他的远见。我觉得在不同的角度上，你比别人看得更远、更宽、更长、更独特？这才是最关键的。

商鞅变法是被人恶骂的，王安石变法的时候也被恶骂，但由于商鞅变法，秦国发生了变化，由于王安石变法，宋朝发生了变化，后面的时代发生了变化。看待一个历史事件，我们要从长远的眼光来看。

每个人的视野、视角要看得更宽、更远、更深、更独特，然后你才能抓住这个机会。大家都看得到的东西，凭什么你有机会？所以我觉得一个领导者，读万卷书不如行万里路。其实我周游全世界，觉得自己实在是太渺小了。

我们还以为自己很牛，在自己的办公室、在自己的同事、员工和家人面前，觉得自己很厉害，但是再走远一点看看呢，在世界上你微不足道。

我是到了伦敦的格林尼治天文台才真正明白我是多么的渺小，那个宇宙是多么的浩瀚，地球像个灰尘的灰尘根本找不到，地球都找不到，人更别说啦。你要想到这些问题，你就有了远见。

——摘自《2008年3月湖畔学院讲话》

马云在行动

领导者除了和竞争者比销售量规模、营业收入增长和获利之外，还要比自身的能力，比远见。在迈向知识密集型的时代，假如领导者不能虑及、思及未来几年，甚至几十年后可能的变化，那就要准备被淘汰出局！

论智慧，论领导力，论影响力，马云比其他企业家高不了多少。如果不是他的远见和分享精神，谁能想到一家独创新模式的电子商务公司，一家只做“小商人”的“小生意”的公司，能够一上市就市值数百亿美金，成为今天中国互联网企业的领跑者。

成大事者都是具有远见的人，因为只有把目光盯在远处，才能有大志向、大决心和大行动。那么，远见是什么呢？美国作家乔治·巴纳说：“远见是心中浮现的将来的事物可能或者应该是什么样子的图画。”

拥有远见，就能够预言未来。缺乏远见的人会被未来弄得惊惶失措，变化不定会让他们无所适从，随处飘荡。而那些放眼长远、视野开阔之人，加上自身的勤奋努力，将来则更有可能实现他们的目标。

诚然，未来是没有办法保证的，但是有了理想和远见，成功的概率就会更高了。马云正是拥有远见并且能够变梦想为现实的人。

赢在执行

许多想要成功的人，普遍存在着这样一个疑惑——机会在哪里呢？如果这个答案落于他人时，便会产生一种被动的惰性，这样，他们就很难主动从工作与生活中去寻找机会、创造机会。

正如爱默生所说：“坐在舒适软垫上的人容易睡去。”依靠他人，觉得总是会有人为我们做任何事，所以不必努力，这种想法使得很多人在生活中习惯于观望和等待，他们不知道等的是什么，但他们在等某些东西；他们隐约觉得，会有什么东西降临，会有些好运气，或是会有什么机会发生，或是会有某个人帮他们，这样他们就可以在没受过教育，没有充足的准备和资金的情况下为自己获得一个开端，或是继续前进。然而，天下没有白吃的午餐，机会也不会从天而降，正所谓“自助者天助”，聪明人应该懂得主动积极地去创造机会。

那么作为个人，我们在工作中怎样寻找、创造机会呢？需要做到如下几点：

（1）要做好自己的本职工作。在熟悉的工作中发现新事物，就能发现潜藏的机遇和成功的机会。

（2）要做好每一件事情，这是在为迎接机遇的到来做准备。只有准备充足，机会来时，我们才有能力胜任。

（3）一切以主动为导向。在《致加西亚的信》一文中作者如此写道：“我钦佩的是那些不论老板是否在办公室都会努力工作的人，这种人永远不会被解雇。”

（4）在现有的条件下，通过自己的积极努力促成机遇的来临，从而为自己的发展提供一个良好的平台。

更新知识，实现价值增长

大学毕业了，拿到文凭，但生活才刚刚开始。以前的考试全是模拟，真正的考试在你们离开大学才开始。在生活中、工作中，你碰到的是每天的考试，而这些考试是实战的考试。你们今天披上的衣服，拿到的文凭，我告诉大家，这可能都是假的，真正的是从明天开始离开这个学校的时候，你才进入考场，真正进入人生的考场、社会的考场。

第二个给大家的建议是忘掉你所学到的知识，从明天开始。以前也有人到我们公司来应聘，我经常问他："你最强的是什么？"他们经常说，我最强的是这个，是那个。忘掉它？这怎么可能忘掉呢？假如你忘掉了，能够忘掉的东西一定不是你的，你忘不掉的才是你自己的东西。我是学英文专业的，那是我怎么忘也忘不掉的东西，那是我自己的。而我记不住那些sin、cos，那不是我的，忘掉就忘掉了。如果你没忘掉这些东西，这些永远是知识。

在社会上，不要跟人家去比谁更聪明，不要跟人家比谁更能算，是要比谁更能学习，更能欣赏别人。我自己尽管长得不好，但全世界长成我这样的人也不少。我觉得如果你毕业于名牌大学，请你用欣赏的眼光看看身边的人，假如你毕业于一个非名牌大学，请用欣赏的眼光看看你自己，你只有给自己温暖，学会用自己的左手温暖自己的右手，你才能在社会的考场上活下去。所以说，以后你们学习的机会很多。

但我再给大家一个建议——永远在最忙的时候去学习。最近，经济环境不好，很多公司把自己的高管送出去读书，我问他们为什么去读书，他们说因为我们现在生意不好，闲着也是闲着，去读读书吧，还有的觉得这是一个福利。读书的时间是一定挤得出来的，最忙的人知道自己想学什么，你在自己最忙的时候告诉自己要学习。

——摘自《马云：北大国际MBA毕业典礼上的演讲》

马云在行动

学习是管理者最有价值的投资，著名哲学家黑格尔这样说过，我们站在一个重要时代的门口，一个变化的时代。处于这样一个时代的管理者，一定要注重学习力、思想通、想法融、行动才能一致，这是企业发展和生存的重要根基。

马云说，拿到了学位还要学会忘记它。学位拿到了，只是生活考试的开始。大多数人对青少年的最佳成才之路，形成了一个相当一致的“共识”，即按部就班地从小学直至博士后，这几乎是唯一的选择。

现在，这条路虽说仍然为绝大多数青少年所钦羡和景慕，但已有越来越多的人认识到这并非成才的唯一道路。

学校的各种考试已经过去，毕业后面临的社会答卷，那不是填空、选择、简答等题型，而是真真正正地要做出业绩。“学无止境”，知识永远是学不完的，如马云所说，忘掉你所学到的知识，不断更新知识，并且永远在最忙的时候去学习。只有不断地更新知识，才能实现价值的增长。

生命不止，求知不断，只有投资于学习，将大脑充实起来，才能在工作中得心应手，从而为企业创造更多的经济效益。

赢在执行

我国东汉思想家王充在《论衡》一书中写道：“人有知学，则有力矣。”就是说，人若有了知识，就有了力量。英国哲学家弗兰西斯·培根有句名言：“知识就是力量。”

知识就是力量，这是时代的选择，这是现实的需要。我们要打造学习型行业、学习型单位、学习型团队，要成为学习型人才，须臾离不开知识。谁拥有知识，谁就拥有力量，谁就可能走向成功。面对知识经济的浪潮，让“知识就是力量”不仅成为鼓舞人心的口号，更应成为我们实实在在的行动，在工作中学习，在工作中提升自己，做一个新时期的学习型人才，成为企业需要的人才。

而今，我们正处在一个知识经济时代，不管我们从事何种职业，处身哪个岗位，都应不断用新的知识武装自己。工作岗位是最好的学习平台。每个人都要学会在学中干、干中学，时时刻刻做一个有心人，做一个善于学习的人。只要立足本职，努力学习，不断充实自我，提升自我，就能实现个人的人生价值。

我们面对的是一个日新月异的时代，如何始终跟上时代的步伐，保持与时俱进的品质？如何应对层出不穷的新情况、新问题，推动社会的进步和发展？这就给我们提出了终身学习的要求。特别是在工作方面要加强与时俱进的精神，工作理念要创新、工作内容要创新、工作方法要创新。

第十五章
执行力是一种心气儿

成功的企业很多，失败的企业也很多，不管是哪一类的，他们之间都有一个共性问题：执行力！

执行力是一种心气儿，心气儿散了，执行力就没了。

最大的失败就是放弃

创业者没有退路，最大的失败就是放弃。今天很残酷，明天更残酷，后天很美好，但绝大部分人死在明天晚上，所以每个人都不要放弃今天。

很多人比我们聪明，很多人比我们努力，为什么我们成功了？难道是我们拥有了财富，而别人没有？当然不是。一个重要的原因是我们坚持下来了。

我想告诉大家，创业、做企业，其实很简单。一个强烈的欲望就是说：我想做什么事情？我想改变什么事情？你想清楚之后，你永远坚持这一点。

为什么我的座右铭是“永不放弃”？因为这世界上最大的失败就是放弃，放弃其实是最容易的。所以我想讲的是，活着就是胜利。这个世界上最痛苦的是坚持，而最快乐的也是坚持。

我一直认为，人一辈子都在创业。以前深圳有一个口号叫作“二次创业”，我不太同意这个。同一批领导是没有办法二次创业的，因为从第一天创业起你就一直在创业。

互联网进入冬天的时候，我们第一没有品牌，第二可以用的资金非常少，整个市场形势不是非常好，大家听到互联网转身就跑。当时很多人进来，也有很多人出去。我记得有一位年轻人，刚刚进入公司我跟他说希望最艰难的时候坚持下来不放弃。

这个年轻人说：“我记住了，5年之内我绝对不会走。”这5年来他们一起来的人都走掉了，当他快坚持不住的时候我就跟他说我记得他当时讲的话。现在他坚持下来，无论他的做事风格还是他的财富都已经非常成功了。

在长城上我们说要建立一个中国人创办的、全世界最好的公司，在最困难的时候，我们永远要回忆这个东西。我不知道该怎样定义成功，但我知道怎样定义失败，那就是放弃。如果你放弃了，你失败了；如果你有梦想，你不放弃，你永远有希望和机会。

——摘自《马云：最大的失败就是放弃》

马云在行动

最开始创业的那段时间，和对手相比马云的力量还显得非常弱小，甚至一起创业的伙伴都时常会打退堂鼓，需要他不断地进行说服和沟通，以帮助他们打消心理顾虑，继续跟他走下去。

在这种情况下，马云本人超乎寻常的自信和坚定就发挥了作用。若回首总结阿里巴巴的整个发展历程，马云无疑为我们提供了许多成功的经验，其中很重要的一条就是：只有活下来的才是强者。

世纪之交，互联网行业进入寒冬。2000年9月10日，阿里巴巴宣布进入高度危机状态。紧接着，2000年年底，马云宣布全球大裁员。顷刻间阿里巴巴内部人心惶惶，只有马云依然坚信：阿里巴巴的未来是光明的，不可限量的。但不管怎么说，马云当时选择坚持的确是一个艰难的决定。

当时大多数人都不看好阿里巴巴的未来，因为他们没有任何成熟的产品可以销售，从那仅有10人的销售队伍就可以看得出来。2001年马云立下誓言：2002年实现1元钱的盈利。最终他没有违背诺言，2002年12月底，阿里巴巴实现了1元钱的盈利。从此，马云开始了越发“离谱”的理想主义计划。

在2002年的年终会议上，马云提出：2003年阿里巴巴全年务必实现1亿元盈利。从1元到1亿元的飞跃，简直是痴人说梦，进行讨论时反对马云的人甚至站起来拍桌子叫板。然而马云决心已定，不可更改。

但出人意料的是，正如马云所预期的那样，2003年阿里巴巴很顺利地完成了1亿元的盈利。还是在年终会议上，又一个疯狂的目标被抛了出来：2004年实现每天利润100万，2005年每天缴税100万。

马云说，面对困难，第一要相信你能活，第二要相信你有坚强的存活毅力。只有坚强地活下去，这样的人才是生活的强者。当目标正确的时候，放弃就等于失败，只有坚持才能成功。

赢在执行

脚不能达到的地方，眼睛可以达到；眼睛不能达到的地方，心可以达到。马云有一颗无所不往的心，他决定了的事情，就一定会全力去做，一遍又一遍，直到做好为止。有多少人能承受他所承受的压力，又有多少人能有他的工作态度呢？

“不相信”是消极的力量。当你心里不以为然或怀疑时，就会想出各种理由来支持你的不相信。怀疑、不相信、潜意识要失败的倾向，都是失败的主要原因。而当你态度坚决地相信自己的时候，一切因素都会朝着证明你的观点的方向走，而你的人生格局，也会因此而铺设开来。

西点著名校友国际银行主席奥姆斯特德说过：“以顽强的毅力和百折不挠的奋斗精神去迎接生活中的各种挑战，你才能免遭淘汰。”

西点的录用标准是极其苛刻的，其淘汰机制更加严格。毫不夸张地说，考入西点与考入美国的任意一所一流大学一样难。在1999年美国公布的全国大学录取率统计中，西点军校的录取率为11%，与哈佛大学、耶鲁大学、哥伦比亚大学等常春藤高校一起，被列为美国最难考的大学。

尽管西点军校接受议员的推荐名单，但议员的推荐名额有明确的法律规定：每个州10个名额，由2名参议员从该州各推荐5名；每个国会选区5个名额，由该选区选出的众议员从该选区推荐；副总统可从全国范围内挑选5人。如果不超出招生名额，总统可从连续服役8年以上军人的子女中挑选30人。军种部长可从该军种士兵中挑选30人。

对于被录取的学生，西点军校也有明确的淘汰规定：4个学年结束时总淘汰率要保持在25%左右，其中第一年就必须淘汰10%的学员。全程淘汰制度保证了能够通过4年学业的人，基本上都是能够在艰苦条件下承担重任且决不轻言放弃的人。

因此，每一个真正的西点人，都是长跑中的胜利者。西点的学校生活就是战争，训练场就是战场，训练中无不体现了战场上的严格与残酷。西点学员要经历大量的痛苦和折磨，要与阻碍、困苦做大量的斗争，但在他们的词典里，没有“放弃”这个词。

其实，竞争有时就是意志的较量，咬牙挺住了，胜利就很可能属于你。一切贵在有恒，只要坚持，再弱小的力量也能创造出意想不到的效果。永不言败是一种不达目的誓不罢休的勇气，更是一种智慧，一种坚持到底、开拓进取的动力源泉。

第二次世界大战后，功成身退的英国首相丘吉尔应邀在剑桥大学毕业典礼上发表演讲。经过邀请方一番隆重但稍显冗长的客套之后，丘吉尔走上讲台。只见他两手抓住讲台，注视着观众，大约在沉默了两分钟后，他开口说：“永远，永远，永远不要放弃！”在又一阵长长的沉默过后，他再次强调：“永远，永远，不要放弃！”最后，他注视听众片刻后便立即回座。场下的人这才明白过来，紧接着便是雷鸣般的掌声。

这场演讲是演讲史上的经典之作，也是丘吉尔最脍炙人口的一次演讲。丘吉尔用他一生的成功经验告诉人们：成功根本没有秘诀，如果有的话，也只有两个，第一个是坚持到底，永不放弃；第二个就是当你想放弃的时候，回过头来照着第一个秘诀去做，坚持到底，永不放弃。

打下去总会有机会

5年以前也是这个时候，在长城上，我跟我们的同事想创办一个全世界最伟大的公司，我们希望全世界只要是商人就一定要用我们的网络。当时产生这个想法，被很多人认为是疯子，这5年里一直有很多人认为我是疯子，但不管别人怎么说，我从来没有改变过一个中国人想创办全世界最伟大公司的梦想。

1999年，我们提出要做80年，在互联网最不景气的2001年和2002年，我们在公司里面讲得最多的词就是“活着”。如果全部的互联网公司都死了，而我们还活着，我们就赢了。我永远相信只要永不放弃，我们还是有机会的。

最后，我们还是坚信一点，这世界上只要有梦想，只要不断努力，只要不断学习，就有成功的那一天。今天很残酷，明天更残酷，后天很美好，但是绝大部分人是死在明天晚上，只有那些真正的英雄才能见到后天的太阳。

——摘自《马云获“2004CCTV中国经济年度人物奖”演讲》

马云在行动

马云入选2004CCTV中国经济年度人物的理由是，他领导着全球唯一一家连续5年当选最佳的网站，为220个国家和地区的550万客户服务，一年半时间就将淘宝网打造成中国第一的个人交易网站。评委会认为，阿里巴巴把互联网和商业结合起来，创造了电子商务新模式，用电子商务整合传统产业。最值得称道的是，马云的阿里巴巴推动了中国商业信用的建立，在激烈的国际竞争中为大量的国内中小企业创造无限机会，让买者和卖者直接见面。

马云和他的团队开办了中国第一个互联网商业网站，提出并实践了面向亚洲中小企业的B2B电子商务模式，马云也是中国大陆首位登上《福布斯》封面的企业家。

马云曾说："阿里巴巴在成立的1999年、2000年、2001年、2002年，我们几乎分文不赚，每年在亏损，每天在亏损。"马云也说过："永远不要跟别人比幸运，我从来没想过我比别人幸运，我也许比他们更有毅力，在最困难的时候，他们熬不住了，我可以多熬一秒钟、两秒钟。有时候死扛下去总是会有机会的。"

马云说到了，也做到了，在认定这个梦想后始终坚持，他扛下来了，这才终于取得了令人瞩目的成就。

赢在执行

生活的现实对于我们每个人本来都是一样的。但一经各人"心态"诠释后，便代表了不同的意义，因而形成了不同的事实。心里有什么，世界就是什么。你坚信的是什么，你的生活就会变成什么样。这是因为通过人的意识坚持不懈地关注心中的某个想法，行动就会不知不觉地向所想的方向去发展。

一个企业从创业草成，到成长壮大，肯定会碰到各种困难，甚至遭遇绝望的境地，那个时候其实就是考验信念和毅力的时候，坚持一下，扛下去，机会就来了，绝望之后就是希望。其实不管做什么事，只要认定了一直做下去，就一定会有希望，好比挖井，只要一直往下挖，总会把水挖出来的。

创业者找到自己认为正确的方向，便开始了艰难的打拼，这就是坚韧；面对失败的打击，创业者能够积极地反思，从而发现自身的不足，重新站起来，这就是坚韧。因此可以说，坚韧是一个创业者必须具备的品质。在创业的道路上有太多困难险阻，只有坚韧的创业者才能一直向着自己的目标，勇往直前。

试问哪一个创业者不是承受了各方的压力，最终超越压力，甚至将压力巧妙地转换为动力而获得成功的?

今天的张瑞敏说起海尔可以谈笑风生，可有多少人知道1984年他刚刚到海尔时承受的压力？那时的海尔，设备简陋、员工素质低劣、工作环境一塌糊涂、工作制度形同虚设，怎么也让人想象不到20年后的它会有什么出息。

在张瑞敏之前，海尔已经陆陆续续更换了4届厂长，每一个来时都踌躇满志，离任时又万般无奈。张瑞敏是临危受命。为了生存，为了企业的发展，他开始顶着压力进行改革，首先就是后来我们熟知的“海尔十三条”。从此，海尔开始步入正轨。

在海尔最为艰难的时候，在众人都看不到希望的时候，张瑞敏有没有动过放弃的念头，我们不得而知，我们看到的是他冲破了一切压力、阻力，带领海尔走到了今天，走向了世界。

创业者要坚持自己的信念和理想。在同行走上迷途的时候，创业者要有清醒的认识，不为眼前小利所动，不做昧良心的产品；更为重要的是，要能耐得住寂寞，静心做技术和产品的创新，稳扎稳打，夯实企业发展的根基。

有时候死扛下去总是会有机会的。创业者应该把企业当成实践人生理想的平台，而不仅仅是谋利的机器。虽然企业的本质是赢利，然而凡是成功的企业，都是具有信念的企业。坚持信念和盈利并不矛盾，只要坚持信念，专注目标，就会获得竞争优势，从而使利润自来。

困难时左手温暖右手

创业的时候，我的同事可能流过泪，我的朋友可能流过泪，但我没有，因为流泪没有用。

困难的时候，你要学会用左手温暖你的右手。你在开心的时候，把开心带给别人；在你不开心的时候，别人才会把开心带给你。开心快乐是一种投资，你开心就要和别人分享，然后有一天别人会回报于你。

如果你在创业第一天就说，我是来享受痛苦的，那么你就会变得很开心。我1992年做销售的时候，我说创业中乐观主义很重要，销售10次，10次为零，出去以后，果然是零，说得真对，要奖励一下自己。”

商业不外乎智慧、希望及勇气，这些都是经商的必要技巧。遇到问题时，我习惯用左手温暖右手。要不断告诉自己，没关系，我还是我，我还在学习成长，一切都会好的，至少我还活着。

——摘自《马云：困难时左手温暖右手》

马云在行动

外人看到的都是企业家光辉灿烂的时候，其实他们付出的代价，没有人知道。马云说在企业家所经历的一切之中，大家看到的辉煌一面只占20%，艰难的一面达到80%，多年来他一路挫折，根本没有辉煌的过去可谈。每一天、每一个步骤、每一个决定都是艰难的。在别人看来，阿里巴巴这一年发展这么快，而实际情况是这一年他们积累了5年的经验，而且付出的比人家10年的还要多。

创业者应该期待未来的路上有更多的磨难，这样可以促使创业者迅速成长，更快地获得成功。马云抱着困难时用左手温暖右手的乐观心态克服了一个又一个的困难。在他看来，创业者要学会自己保护自己，困难时要学会用左手温暖右手。

即便是现在，马云也很少向员工和身边的高管诉说自己的压力。闪光灯下的马云，员工面前的马云总是像一个顽童一样，他的言行举止表现出一种常人难有的洒脱。马云是一个乐观主义者，像诗人一样幻想着未来商业界的新文明，幻想着阿里巴巴会带给全球一个美丽新世界。马云，就这样在创业的路上一边舔舐伤口一边微笑前行。

创业从来都与坎坷相伴，哪个创业成功人士背后，没有一段浸满辛酸、充满泪水的往事？马云很乐观地说，面对各种无法控制的变化，真正的创业者必须懂得用乐观和主动的心态去拥抱现实。

马云看重团队，但是在自己能够解决的时候他会更多地选择担当，何况，有时候团队未必能够全然理解他的思考。

阿里巴巴公司的发展深受马云的影响，在面临困难时阿里巴巴首先想到的是自己解决，而不是依赖外界。马云表示，很多企业埋怨政府不支持，但阿里巴巴自从创业以来没有向政府借过一分钱，更没给社会添过一次乱。更多的时候，阿里巴巴团队会在寒冷的季节里温暖别人，帮助众多中小企业赚钱。

赢在执行

马云用自己的左手温暖右手，是一种信仰，一种坚韧，一种在困境中奋发的良好心态。

在人的精神家园中，有一种强大的力量，它可以让自身逐渐地变大变强。这种力量就是：坚韧。

提起坚韧，我们也许会不约而同地想到一种动物——狼。我们知道在动物界，尤其是在食肉动物中，狼没有丝毫优于其他动物的身体条件。它们没有绝对的速度，也没有庞大的身躯，即使是它唯一的武器——锋利的牙齿也是绝大部分食肉动物都具有的。而它之所以在残酷的自然环境下，在与各种动物你死我活的争斗中，在最可怕的敌人——人类的屠杀后依然顽强地在这个地球上生存，凭的就是坚韧。下面我们就看看这则关于狼的故事。

一只狼连同它捕获来的猎物落入了猎人设置的陷阱里，在凄惨地嚎叫了一阵之后，它意识到，再呼唤非但招不来帮助，说不定还会把猎人和猎犬招来，一切只有靠自己了。

这头狼休息了片刻后，便开始从阱壁上挖掘，它要干的是一项大工程：把阱壁扒出一条稍稍倾斜的斜坡，就可以跳出来。

扒、挖、拱，狼用尽全身每一个可以救命的动作自救着。和巨大的陷阱相比，狼显得那么渺小，然而唯一不同的是，狼拥有不屈不挠的斗志，它明白挖一点就少一点。爪子折了，头破了，皮毛被剐蹭得流血了，狼仍在继续，陷阱虽然能困住狼的身体，却困不住狼的斗志。

经过了一个昼夜的拼死挣扎，一条血肉模糊、伤痕累累的狼走出了陷阱，它用坚强换回了自由，它用不屈重获了生命。

精神中的韧性就是这么强大！面对困难或不幸的境遇，唤起身体内的韧性，坚持不懈的努力，就能守得云开见月明!

坚韧是生命的脊梁。一旦处境危急，这种力量就会爆发出来，使我们得救。

英国诗人桑德伯格曾说："生活就像洋葱，你一层一层地剥开，总有一层会让您流泪。"在漫长的人生旅途中，我们总会碰到暗无天日的境遇，就像我们无可避免地要剥到那层让我们流泪的洋葱一样，要想不被打倒，保持最后的胜利，就需要我们保持强大的韧性。然而现在，很多人渴望成功但却始终没有成功，其实就是因为在面对逆境时，缺少了那么一点点的坚持到底的韧性。

玛格丽特·撒切尔说："胜利不是只靠打一场仗就能赢得的，你需要的也许是艰苦的长期抗战。"的确，一个人遇到一次不幸，坚强地挺下去并不难，难的是能够以一颗坚韧的心抗争每一处逆境。

成功的种子不是落在肥土而是落在瓦砾中，这是因为有生命力的种子绝不会悲观和叹气，它们会以此为契机，长成最茁壮的树木。人的生命力是比种子更旺盛的，所以我们更应该有不怕困难的勇气，永不服输的心灵，坚持到底的韧性。